Gedruckt mit Unterstützung des Landschaftsverbandes Rheinland

und den weiteren Förderern

Hubert Perschke (Hrsg)

Alte Heimat - Neue Zukunft

Herausgegeben und gestaltet von Hubert Perschke

Hahne & Schloemer Verlag 2024

ISBN 978-3-942513-70-8

Inhaltsverzeichnis

Vorwort Von Heimaten und Zukünften	Antje Grothus	6
Einleitung Alte Heimat - Neue Zukunft	Pfarrer Jens Sannig	11
Leitentscheidung 2023 und die „Orte der Zukunft"	Dr. Alexandra Renz-von Kintzel	16
Eindrücke aus Morschenich - Fotos	Hubert Perschke	20
Morschenich / Bürgewald - Ort der Zukunft	Georg Gelhausen	24
Hingeschaut: Bürger*innenbeteiligung Überlegungen zur Zukunftsplanung in den verbleibenden Dörfern	Dr. Manfred Körber	28
Eindrücke aus den Orten Interviews mit Betroffenen: Motive zu bleiben oder zu gehen, Zukunftserwartungen	Hubert Perschke	36
Zukunftsvision für das Erkelenzer Tagebaufeld	Stephan Muckel	70
Entwicklungsraum Tagebau Garzweiler	Volker Mielchen	75
Zum (guten) Schluss	Hubert Perschke	78

Vorwort
Von Heimaten und Zukünften
Antje Grothus

Eine fotografische Trilogie

Nach dem Erinnerungsalbum „Mein Manheim" (2013) und „Dividende frisst Heimat" (2020) legt Hubert Perschke nun mit „Alte Heimat – Neue Zukunft" seine dritte Fotobuchpublikation vor. Alle Titel setzen sich mit dem Themenkomplex der durch den Braunkohletagebau bedrohten, zerstörten, aber auch geretteten Dörfer im Rheinischen Revier auseinander. Dabei bleibt er immer nah an den Menschen und ihren sich wandelnden Lebensrealitäten.

Die Entwicklung seiner Fotodokumentationen ist Beleg dafür, dass sich seit 2013 das Engagement für die Bekämpfung der Klimakrise, für einen früheren Braunkohleausstieg und den Erhalt bedrohter Dörfer und Landschaften intensiviert hat: Während „Mein Manheim" mit kurzen Zitaten Einblick in die Gefühls- und Gedankenwelt der Manheimer*innen gibt, hat Hubert in „Dividende frisst Heimat", einer fotografischen „Chronologie einer Heimatvernichtung", zahlreichen aktiven Menschen aus dem Braunkohlewiderstand und Betroffenen aus den Garzweiler Dörfern und ihren Unterstützer*innen viel Raum für eine auch schriftliche Auseinandersetzung mit der Situation im Jahr 2020 eingeräumt.

In der jetzt vorgelegten Publikation hat sich das Spektrum der inhaltlichen Textbeiträge nochmals geweitet: Neben Akteur*innen aus der Zivilgesellschaft geben die beiden Bürgermeister der betroffenen Kommunen, die Landesplanerin aus dem nordrhein-westfälischen Ministerium für Wirtschaft, Industrie, Klimaschutz und Energie, sowie der Geschäftsführer der Tagebau-umfeldinitiative „Landfolge Garzweiler" Einblick in Sichtweisen und Perspektiven der „anderen Seiten".

2045 – 2038 – 2030

Hubert Perschke, der mit diesem Titel eine „Trilogie" vollendet, dokumentiert genau diese drei Phasen, in denen der Kohleausstieg von 2045 auf 2030 vorgezogen wurde.

Als der Umsiedlungsprozess in Manheim 2012 begann, schien es öffentlich und auch landesplanerisch gesetzt, dass die Förderung von Braunkohle bis 2045 fortgesetzt wird. Auch die alte Autobahn 4 war tagebaubedingt bereits an den Rand, so glaubte man es damals noch, des zukünftigen Tagebaus Hambach verlegt worden. Dem Aufschluss weiterer Tagebaue in NRW hatte bereits 2010 die Rot-Grüne Koalition eine Absage erteilt. Zeitgleich kam es im Frühjahr 2012 auch zur ersten Besetzung des Hambacher Waldes. Nach einem Urteil des Bundesverfassungsgerichts beschloss dieselbe Landesregierung im Frühjahr 2014, den Tagebau Garzweiler zu verkleinern. Infolgedessen durfte Holzweiler am Tagebau Garzweiler mit seinen knapp 1.300 Einwohner*innen nicht mehr von RWE abgebaggert werden. Doch zu mehr konnte sich die Politik, weder auf Bundes- noch auf Landesebene, durchringen, auch nicht nach der Klimakonferenz 2015 in Paris.

Deshalb wurde im Jahr 2018 von der Bundesregierung die Kohlekommission („Kommission für Wachstum, Strukturwandel und Beschäftigung") eingesetzt. Ein Gremium, dass Empfehlungen für die Politik erarbeiten sollte und dies unter intensiver Begleitung der medialen Öffentlichkeit auch tat. Mit Spannung erwartet wurde das „Enddatum" der Kohleförderung – ein Narrativ, das sich im Nachhinein als trügerisch herausstellte, da für das Klima gestern, wie heute die Menge an CO_2 Emissionen entscheidend ist, die bis zum gesetzten „Ausstiegsjahr" noch emittiert wird. Die zentrale Frage bleibt, wie schnell die CO_2 Emissionen reduziert werden können. Obwohl die Umweltverbände und ich ein Sondervotum für 2030 einlegten, empfahl die Kohlekommission im Januar 2019 den

Kohleausstieg 2038. Wie schwer sich mit diesem Vorziehen insbesondere die damalige Bundesregierung unter Kanzlerin Merkel tat, wurde in den nachfolgenden Gesetzen deutlich: Das Kohleausstiegsgesetz durfte nur „Kohleverstromungsbeendigungsgesetz" heißen.

Für unsere Region hatte der Prozess tiefgreifende Folgen. Obwohl auf der Hand lag, dass mit dem zu beschreitenden Kohleausstiegspfad fünf weitere Dörfer am Rande des Tagebaus Garzweiler erhalten bleiben können, wurde das ebenso lautende Gutachten im CDU geführten Bundeswirtschaftsministerium unter Verschluss gehalten. Die regierende schwarz-gelbe NRW-Landesregierung unterstellte, dass es eine „energiewirtschaftliche Notwendigkeit für den Tagebau Garzweiler und den dritten Umsiedlungsabschnitt gibt und ließ dies im Gesetz auf Bundesebene verankern.

Dem überwiegenden Teil der Einwohner*innen von Keyenberg, Kuckum, Ober- und Unterwestrich und Berverath fehlt infolgedessen der Glaube ihre Heimat, ihre Dörfer, erhalten zu können; die Umsiedlung schreitet weiter voran. Die Familien aber, die durch die erfolgreiche Auseinandersetzung um den Erhalt des Hambacher Waldes Mut gefasst haben, organisieren sich mit Unterstützung aus der Klimabewegung in dem Bündnis „Alle Dörfer bleiben". Der Schwerpunkt der Proteste verlagert sich vom Tagebau Hambach zum Tagebau Garzweiler.

Für den Tagebau Hambach hatte der zweite durch den BUND NRW gerichtlich errungene und von Massenprotesten flankierte Rodungsstopp im Oktober 2018 und die Empfehlung der Kohlekommission „Der Erhalt des Hambacher Waldes ist wünschenswert" gravierende Folgen. Die Lage des Waldes bedingt eine Haltefunktion, die es dem Konzern RWE unmöglich macht, über die alte A 4 hinaus Kohle zu fördern, weil die Braunkohle in zu großen Tiefen liegt und bergbautechnisch nicht mehr zu erreichen ist. Im Tagbauvorfeld bleiben 1,1 Milliarde Tonnen Braunkohle in der Erde; die Kohleförderung wird 2029 enden. Auch die Reste der Ortschaft Manheim und das bereits weitestgehend entsiedelte Morschenich können erhalten bleiben.

In diese „Nachkohlekommissionsphase", die Phase Kohlausstieg 2038, die insbesondere für die betroffenen Anwohner*innen in den bedrohten Dörfern mit vielen Unsicherheiten belastet ist - Manheim ist bereits weitgehend zerstört - veröffentlicht Hubert Perschke eine zweite fotografische Bestandsaufnahme und stellt aktuelle Fotos denen aus dem blühenden Dorf Manheim aus der Zeit vor Umsiedlungsbeginn gegenüber. Der Erinnerungsaspekt in „Dividende frisst Heimat" wird bereichert durch die Perspektive von Autor*innen, die sich für den Erhalt ihrer Heimat ein- und mit dem Heimatbegriff auseinandersetzen. Die Aktivitäten in dieser Phase richten sich weiterhin auf den Erhalt des Zuhauses und der Heimat.

In der zweiten Hälfte des Jahres 2022 ändert sich dies für Teile der Bevölkerung. Nachdem die Rettung von fünf Dörfern im Eckpunktepapier Kohleausstieg 2030, einer Vereinbarung zwischen RWE und den grünen Minister*innen auf Landes- und Bundesebene, festgelegt ist, richten die Abwohnenden den Blick in Richtung Zukunft. Ein schmerzhafter Rückschlag bleibt die Räumung und anschließende Zerstörung des Weilers Lützerath. Die vielfältigen Aktivitäten dort hatten einen wesentlichen Beitrag zur Rettung der fünf Garzweiler-Dörfer geleistet. Da mag es ein schwacher Trost sein, dass die dort gelebten und entwickelten Utopien auch in der Entwicklung der benachbarten Dörfer weiterleben.

Heimat? Heimat!

„Heimat ist ein ebenso schillernder wie problematischer Begriff. Wer ihn aufruft, begibt sich in schwieriges Gelände."[1]

Trotz der politischen Instrumentalisierung des Begriffs im Nationalsozialismus und „seine aktuelle Indienstnahme durch rechtspopulistische Bewegungen und Parteien"[2], mochten und mögen sich

Menschen, deren Heimat verheizt wurde oder drohte verheizt zu werden, diesen Begriff aneignen, ihn selbst mit Inhalten besetzen, statt ihn sich wegnehmen zu lassen. „Ja zur Heimat" – Stopp Rheinbraun" – das war und ist auf verwitterten Schildern am Tagebau Garzweiler zu lesen. „Verheizte Heimat", so lautet ein Buchtitel über den Braunkohletagebau und seine Folgen. Im Dokumentarfilm „Die Rote Linie" spricht ein betroffener Umsiedler aus Immerath von den großen und kleinen Heimatfressern und meint damit unterschiedlich große Bagger: Zunächst die kleineren, die die Dörfer und Häuser abreißen, bevor dann der große Braunkohlebagger kommt, um auch noch das Land abzubaggern, bis nichts mehr bleibt als eine große Wunde in der Erde.

Jede*r von uns verbindet andere Assoziationen und Gefühle mit dem Begriff Heimat, einem Begriff, der sich nicht in andere Sprachen übersetzen lässt. Was macht Heimat aus? Zeiten von Globalisierung und Migration, von Klimakrise, in denen ganze Landstriche unbewohnbar werden, von Flut- oder anderen Klimakatastrophen zerstört werden, werfen zusätzlich die Frage auf, ob der Begriff „Heimaten" nicht zutreffender ist: alte Heimaten, zerstörte Heimaten, neue Heimaten, sich verändernde Heimaten.

Hubert Perschkes Fotografien zeigen die Menschen in einem Umfeld, in dem sie sich wohl und zuhause fühlen, in dem sie verwurzelt sind. Große Veränderungen im direkten Wohn-Umfeld sind mit den Sorgen um negative Folgen für die Lebensqualität verbunden. Was macht es mit Menschen, die ihr Dorf und damit ihr Zuhause retten konnten, jetzt aber nicht wissen, wie ihr Dorf in Zukunft aussehen, wohin es sich entwickeln wird? Gerettete Dörfer in „Dörfer der Zukunft" zu entwickeln, dafür gibt es keine Blaupause. Und auch darüber, was eigentlich ein Dorf der Zukunft ausmacht, gehen die Meinungen auseinander. Wer darf entscheiden, wie das Dorf der Zukunft aussieht? Und alles wird überlagert von der Unsicherheit: Bleibt der Charakter unseres Dorfes erhalten?

So ist die Frage: *bleiben, gehen, zurückkehren* eine, die nach wie vor viele Dorfbewohner*innen beschäftigt. Der Schlüssel zu einer schnellen Reaktivierung liegt bei den Menschen, die im Dorf geblieben sind und denjenigen, die zurückkehren möchten.

Der Start der Interessenbekundungsverfahren(3) für den Rückerwerb leistet einen wichtigen Beitrag zur Wiederbelebung der Dörfer und einem sozialverträglichen Kohleausstieg. Das ist ein wichtiger Schritt, wenngleich klar ist, dass es bis zum Wiedereinzug noch ein weiter Weg ist, der allen Beteiligten weiterhin Geduld und Verständnis füreinander abverlangen wird. Ich hoffe sehr, dass es gelingt Schritt für Schritt das große Misstrauen abzubauen, welches über Jahrzehnte im Revier gewachsen ist. Gegen viele Widerstände haben wir die Möglichkeit geschaffen zurückzukehren. Das kann helfen die tiefen Wunden zu lindern, die in den letzten Jahrzehnten entstanden sind. Wenn Menschen ihre Häuser zurückkaufen und in ihr Zuhause wiedereinziehen, wird dies der Reaktivierung der Dörfer einen Schub geben. Dieser ist auch dringend notwendig, denn mit jedem Tag Leerstand leidet die Bausubstanz weiter. Der klare Zeitrahmen schafft Planungssicherheit und füllt die Leitentscheidung mit Leben und Herausforderungen. Doch für ein solches Rückerwerbsverfahren gibt es weder eine Vorlage noch ein Patentrezept. Zugleich wurden die Hürden für den Rückerwerb übertrieben hochgelegt. Das schreckt Menschen ab und erweist sowohl dem Prozess der Befriedung wie auch der Wiederbelebung der Dörfer einen Bärendienst. Zwar sind Erbpachtverträge für die Grundstücke im Sinne einer gemeinwohlorientierten Bodenpolitik eine Alternative, aber müssen sie auch den Rückkehrenden aufgebürdet werden? Dennoch ist das bei Weitem nicht die größte Hürde, die sich in einem neunseitigen „Informationsblatt zur Ausübung einer zeitlich befristeten Verkaufsoption für Umsiedlerinnen und Umsiedler"(4) des Ministeriums für Heimat, Bauen und Digitalisierung wiederfindet. Um Bodenspekulationen, beispielsweise um ein „Grundstück am See" vorzubeugen, hätte es sicherlich auch andere Mittel und Wege gegeben.

In einer Kurzbeschreibung zu den „Dörfern der Zukunft"(5), die als Ankerprojekt identifiziert wurden, heißt es:

„Die geretteten Dörfer werden zu Orten entwickelt, die sinnbildlich für die Transformation und den Strukturwandel im Rheinischen Revier stehen. Dörfliche Zukunftsthemen werden mit innovativen Lösungen konkret vor Ort umgesetzt und von den zukünftigen Bewohnern und Bewohnerinnen gelebt. Die Transformation folgt dem Leitbild, neue Wohn- und Arbeitsformen zu etablieren und wieder ein dörfliches Gemeinschaftsleben zu ermöglichen."

Zukunft wird aus Mut gemacht

Bleibt zu hoffen, dass es nicht bei einem top-down Prozess bleibt, sondern die Dorfentwicklung auch bottom-up Prozessen den notwendigen Raum gibt. Denn klar ist, nachdem in den Dörfern jahrzehntelang über die Köpfe der Menschen hinweg entschieden wurde, muss jetzt eine neue Ära beginnen: Eine, die zeitgemäß ist, und einem Zukunftsrevier und einem modellhaften Vorzeigeprozess mit entsprechender Beteiligungsarchitektur auch gerecht wird. Eine, die vom Mit- statt Gegeneinander geprägt ist und getragen wird von dem Verständnis, dass Strukturwandel eine gesamtgesellschaftliche Aufgabe, ein gesamtgesellschaftlicher Prozess ist, an dem die Menschen teilhaben müssen und dürfen.

In diesem Buch begegnen sich verschiedenste Akteur*innen als Agent*innen des Wandels. Von den kommunalen Entscheidungsträgern wünsche ich mir, dass sie sich darüber bewusst werden, wem sie diese einmalige Chance für ihre Gemeinde verdanken. Und dass sie all den Retter*rinnen der Dörfer die Wertschätzung entgegenbringen, die sie verdient haben und dass sie zum Mitgestalten der Dörfer der Zukunft einladen. Die Interessen- und Anspruchsgruppen sind bekannt, haben sich in Gemeinschaften organisiert und ehrenamtlich Visionen für die Zukunft entwickelt, wie beispielsweise die „Dörfergemeinschaft Kultur und Energie"(6), der Verein „Dörfergemeinschaft Zukunftsdörfer"(7), der „Viel zu tun e.V.", die Initiative „Buirer für Buir"(8). Darüber hinaus stehen unter anderem Künstler*innen und Handwerker*innen bereit, um etwa in leerstehenden Ladenlokalen dauerhaft oder im pop-up Stil, den Dörfern mehr Lebendigkeit, Kreativität und innovative Impulse einzuhauchen.

Noch mangelt es jedoch an der Bereitstellung dauerhaft und temporär verfügbarer Räume. An Räumen für Wandelwerkstätten in den Dörfern und für Begegnungsstätten, in denen die Zukunft gemeinsam entwickelt werden kann, oder in denen Künstlerresidenzen mit ihren Impulsen zur Überwindung von Gräben und Konflikten und Entwicklung von neuen Identitäten beitragen können. Ausreichend leerstehende Gebäude stehen zur Verfügung. Fehlt es an Mut solche als Experimentierräume und Reallabore auch über einen längeren Zeitraum zur Verfügung zu stellen? Die Temporäre Universität Hambach(9) im geretteten Dorf Morschenich, die in diesem Jahr zum zweiten Mal stattfindet, ist Beleg dafür, wie inspirierend und bereichernd Reallabore für den Prozess der Dorf- und Gemeinschaftsentwicklung sein können. Sie macht auch deutlich, dass Ressourcen für die vielfältigen Wandelprozesse bereitgestellt werden müssen. In diesem Jahr bietet die tu! Hambach unter anderem den geeigneten Rahmen, um eben auch Hubert Perschkes neues Buch der Öffentlichkeit zu präsentieren.

Ich danke ihm für die ausdauernde und multiperspektivische Begleitung der tiefgreifenden Umwälzungsprozesse in unser aller Revier über lange Zeiträume hinweg. Mit diesem Buch macht er einmal mehr deutlich, wie tief die Wandelprozesse im rheinischen Braunkohlerevier in die Lebensrealitäten und die Zukunftsgestaltung von Menschen, Familien, Landwirten und allen davon Betroffenen eingreifen: gestern – heute – morgen - übermorgen.

Daran immer wieder zu erinnern, Räume für das vielfältige kulturelle Erbe der Region zu schaffen und eine lebendige Erinnerungskultur aufzubauen und zu pflegen; das sind wir auch den über 40.000 Menschen schuldig, die in Nordrhein-Westfalen umsiedeln mussten und ihre Heimat in über 100 durch Braunkohletagebau zerstörten Dörfern und Weilern unwiederbringlich verloren haben.

<u>Zur Autorin:</u>
Antje Grothus lebt unmittelbar am Tagebau Hambach. Die dreifache Mutter und zweifache Großmutter engagiert sich seit 2004 für einen schnelleren Kohleausstieg, den Erhalt des Hambacher Waldes und bedrohter Dörfer, sowie mehr Lebensqualität für die Menschen in Grubenranddörfern. Als Klimabewegte Netzwerkerin „Hambachfrau" hat sie 2007 die Initiative Buirer für Buir mitgegründet. Die Umwelt- und Klimaaktivistin erhielt für ihr Engagement diverse Auszeichnungen und Preise. 2018 berief die Bundesregierung sie in die sogenannte Kohlekommission.
Aus Verantwortung für die Region, den Erhalt der natürlichen Lebensgrundlagen, den Kohleausstieg und die Gestaltung eines sozial-ökologischen Strukturwandels kandidierte sie für BÜNDNIS90/DIE GRÜNEN für die Landtagswahl 2022 und ist seit dem 1. Juni 2022 Landtagsabgeordnete in NRW.

(1) (2) Norbert Sievers, Ulrike Blumenreich, Sabine Dengel, Christine Wingert (2019/20): in Jahrbuch für Kulturpolitik 2019/20, Band 17, Bonn: INSTITUT FÜR KULTURPOLITIK DER KULTURPOLITISCHEN GESELLSCHAFT
(3) Gemeinde Merzenich und Stadt Erkelenz: Informationen über Rückkaufmodalitäten, online verfügbar unter https://www.gemeinde-merzenich.de/aktuelles/info-texte/rueckkauf-grundstuecke-morschenich.php und https://www.erkelenz.de/stadt-erkelenz/aktuelle-nachrichten/vorkaufsoption-prozess-des-interessensbekundungsverfahrens-gestartet/
(4) Ministerium für Heimat, Kommunales, Bau und Digitales des Landes Nordrhein-Westfalens, MHKBD (2024): Informationsblatt zur Ausübung einer zeitlich befristeten Vorkaufsoption für Umsiedlerinnen und Umsiedler, online verfügbar unter: https://www.mhkbd.nrw/system/files/media/document/file/24-01-30_mhkbd-vorkaufsoption-informationsblatt_0.pdf
(5) Ministerium für Wirtschaft, Industrie, Klimaschutz und Energie des Landes Nordrhein-Westfalens, MHKBD (2024): Ankerprojekte Rheinisches Revier, online verfügbar unter: https://www.landtag.nrw.de/portal/WWW/dokumentenarchiv/Dokument/MMV18-2406.pdf,
(6) Dörfer Gemeinschaft Kultur und Energie (2024): Website, online verfügbar unter https://dgkulturenergie.de/
(7) Dörfergemeinschaft Zukunftsdörfer (2024): Webseite, online verfügbar unter https://www.zukunftsdoerfer-rheinland.de
(8) Initiative Buirer für Buir (2024): Website, online verfügbar unter https://www.buirerfuerbuir.de/
(9) RWTH Aachen (2024): Herzlich willkommen zur tu! Hambach, online verfügbar unter: https://www.reviera.rwth-aachen.de/cms/reviera/Aktivitaeten/~bhivdn/Herzlich-willkommen-zur-tu-Hambach/

Einleitung
Alte Heimat - Neue Zukunft
Pfarrer Jens Sannig

Mensch, es ist dir gesagt

»Es ist gut.« Das hebräische Wort für »gut« hat eine sehr weite Bedeutung. Im Schöpfungsbericht ganz am Anfang der Bibel drückt Gott damit sein Urteil über sein Schöpfungswerk aus: Es entspricht genau so seinen Absichten und Plänen. Genauso, wie es ist, ist es von Gott gedacht. Und wir Menschen werden in der Bibel nicht nur einmal aufgefordert, mit unserem Danken und Loben das zu tun, was der Größe Gottes angemessen ist, was ihm zusteht und was gleichzeitig den Menschen guttut, ihnen Freude bereitet und sie leben lässt: Gottes Schöpfung zu ehren, zu bewahren und ihr eine gute Zukunft zu bereiten.

Wenn ich früher von zuhause in mein Büro nach Jülich gefahren bin, wurde unmittelbar, wenn man von der alten A61 auf die A44 gewechselt ist und aus einer Senke hochkam und wieder über die Felder schauen konnte, auf der linken Seite eine kleine Kirche mit einem kleinen Gehöft daneben und Zypressen ähnlichen Bäumen ringsum sichtbar. Fast, wie wenn man den Blick über die Toskana schwenken lässt. Mir hatte es diese kleine Kirche angetan. Ich freute mich jeden Tag darüber sie zu sehen. Zu jeder Tageszeit und zu jeder Jahreszeit steht sie in einem anderen Licht. Mal klar und deutlich erkennbar, mal im Nebel oder im Dunst der gleißenden Sonne. Mal im Abendlicht oder in der vibrierenden Luft der Mittagssonne.

Ich weiß, kein Schöpfungsakt Gottes, sondern vor Jahrhunderten von Menschenhand geschaffen, aber trotzdem so, dass ich denke, das könnte auch Gott gefallen, zumindest entspricht es dem Gebet eines Psalms, das sich zum Ruf hinreißen lässt: »Gott, du lässt mich fröhlich singen von deinen Werken, und ich rühme die Taten deiner Hände. Gott, wie sind deine Werke so groß!«

Die kleine Kirche gibt es noch. Keine Selbstverständlichkeit in unserer Region. Aber heute ist dieses tägliche Erlebnis von damals Geschichte. Die A61 gibt es in diesem Abschnitt nicht mehr. Sie ist den gigantischen Baggern zum Opfer gefallen, die in unserer Region Braunkohle fördern. Heute stehen sie keine 400 Meter vor den Ortsschildern des kleinen Dorfes Keyenberg. Die Menschen haben sehr lange dafür gekämpft, dass dieses Dorf und vier weitere nicht auch noch der Braunkohle zum Opfer fallen.

Mein Weg führt mich heute auf einer neuen Autobahn mitten durch den Tagebau Garzweiler. Jeden Tag werde ich gewahr, wie sich die Bagger hier ins Leben der Menschen graben. Zum Greifen nahe. Und die Bilder der Zerstörung bieten jeden Tag ein neues, erschreckendes, bizarres Schauspiel. Da werden im Sommer die Felder unmittelbar an der Abrisskante noch mit Wassersprengern getränkt und von Bauern bewirtschaftet, während wenige hundert Meter weiter Bagger Bäume umgerissen und Höfe und Häuser abgerissen haben.

Heute baut RWE Windräder und riesige Solarfelder entlang der Autobahn am Rande des Tagebaus. Die Verantwortlichen würden wahrscheinlich nie zugeben, dass die Menschen, die gegen die Braunkohle gekämpft haben, Recht hatten und dass ihr ökonomisches Umdenken auch und gerade durch die Proteste immer mehr Menschen mobilisiert hat.

Tag für Tag, Jahr für Jahr, Jahrzehnt für Jahrzehnt haben sich riesige Maschinen in die Erde gegraben. 40 Dörfer sind abgerissen und von den gigantischen Löchern in Garzweiler, Inden und Hambach verschluckt worden. Die letzten drei noch aktiven Tagebaue liegen im Rheinischen Revier. Von dem vor der bergbaulichen Inanspruchnahme etwa 4.100 Hektar großen »Hambacher Wald«

sind noch etwa 650 Hektar übrig. Die letzten Reste eines, einst stolzen Eichen – Hainbuchen Waldes. Jagdrevier Karl des Großen. Durch ein Abkommen der Fürsten mit den Bewohnern der Dörfer ringsum vor Privatisierung geschützt. Ein Wald, der allen Leben und Nahrung und Holz spenden sollte. Bis zur Entscheidung, hier Braunkohle zu fördern. Dann sind solch Jahrhunderte alten Versprechungen nichts mehr wert.

40.000 Menschen haben auf diese Weise ihre Heimat verloren. Sind »sozialverträglich umgesiedelt« worden, wie es so beschönigend von Seiten des bergbautreibenden Unternehmens heißt. Landschaft, Böden, Wälder. Heimat. Kulturgut. Unwiederbringlich vernichtet zum Wohle der Allgemeinheit. Die Tränen, den Schmerz und die Verzweiflung über den Verlust ihrer Heimat erfassen die beschwichtigenden, technokratischen Begriffe dieser gigantischen Zerstörung nicht.

Alte Heimat – verlorene Heimat

Ein Gespräch mit dem Landwirt Josef Porz, damals einer der letzten Bewohner in Immerath, lässt mich nicht los. Seine Tränen, seine Fassungslosigkeit über den Verlust seines Hofes, der über dreihundert Jahre von Generation zu Generation weitervererbt wurde, habe ich vor Augen. Einfach vorbei. Mit welchem Recht? Seine laute Anklage an die Verantwortlichen und seine stumme Hilflosigkeit angesichts der unabänderlichen Tatsachen fassen die Tragik einer ganzen Region zusammen.

Wie er, haben so viele Menschen ihre alte, über Jahrhunderte gewachsene Heimat verloren. Und die neuen »Umsiedlungsorte« können diese nicht ersetzen. Sie atmen nicht den Geist von Jahrhunderten, in ihnen werden nicht die Geschichten von Generationen erzählt, in ihnen zeugen nicht Kunst und Kulturgüter von längst vergangenen Zeiten, ohne die aber die Gegenwart nicht erklärbar und erlebbar ist.

In dem Begriff Heimat steckt laut der Zentrale bundespolitischer Bildung das germanische Wort »heim«. Das bedeutet »Dorf« oder »Haus«. Gemeint ist damit der Ort, an dem man lebt, wo man »zu Hause« ist. Heimat bedeutet für viele Menschen etwas Schönes. Sie denken an den Ort, wo sie aufgewachsen sind, an ihre Kindheit, an die Familie und an vertraute Freundinnen und Freunde aus der Schulzeit. Es ist ein Ort, wo sich Menschen geborgen fühlen. Das Gefühl von Vertrautheit und Sehnsucht verbindet sich für viele Menschen mit der Heimat. Manche haben Heimweh, wenn sie fort aus der Heimat sind. Viele lieben Heimatkrimis. Manche Stadt hat ein Heimatmuseum, und in Heimatvereinen kommen Menschen zusammen, um altes Brauchtum zu pflegen.

Die Häuser in Immerath sind längst abgerissen, so auch das Krankenhaus, Teil der alten Klosteranlage. Am Ende bleibt ein Berg aus Steinen und Holzbalken, die Verstorbenen des Friedhofs sind umgebettet. Die Kirche in Immerath, liebevoll »Dom« genannt, dem Erdboden gleichgemacht, nachdem sie schon Jahre zuvor entwidmet wurde. Große Löcher im Turm, wo die Glocken herausgerissen wurden, waren ein weithin sichtbares Sinnbild für den Wahnsinn, der hier mit der Abbaggerung der Braunkohle betrieben wird.

Umgesiedelte Wegekreuze und der Erhalt der alten Dorfnamen am neuen Umsiedlungsstandort ersetzen das alles nicht.

So sind über mehr als ein halbes Jahrhundert Dörfer abgerissen worden und wertvolle Kulturgüter, die sichtbare Zeichen für die Heimat der Menschen waren, unwiederbringlich vernichtet worden. Auch die Kirche in Keyenberg ist entwidmet. Aber mit der Entscheidung der Bundes- und Landesregierung, dass die Förderung der Braunkohle 2030 endlich endet, können das Dorf und seine Kirche erhalten bleiben. Und vier weitere Dörfer am Tagebau Garzweiler und das Dorf

Morschenich am Rande des Tagebaus Hambach auch. In Keyenberg, Kuckum, Unter-/Oberwestrich, Berverath sind die Umsiedlungen jetzt gestoppt.

Im Rheinischen Braunkohle Revier Zukunft gewinnen

Die Tagebaue waren einerseits ein Gewinn über viele Jahrzehnte für die direkt und indirekt Beschäftigten und für die Stromversorgung des Landes. Anderseits aber hat die Region mit erheblichen Folgelasten zu tun, denn die Tagebaue haben wertvolle Feuchtgebiete zerstört, sie haben erhebliche, und bei allem Bemühen um Rekultivierung, nicht reparable Schäden verursacht an Gebäuden, der Landschaft, bei den Menschen. Sie hinterlassen eine zerschnittene Infrastruktur, Bergschäden und einen geschädigten Wasserhaushalt – die Folgen werden über die nächsten Jahrhunderte noch zu beheben sein.

Der Widerstand gegen den Kohleabbau und der damit, auf Grund der gigantischen CO_2-Emissionen, verbundenen Schädigung des Klimas und der Landschaft, erfasst in den letzten 15 Jahren immer mehr Menschen im Revier, nach deren Überzeugung der Schutz des Klimas nicht ohne einen grundlegenden Strukturwandel gelingen wird.

Der zivilgesellschaftliche Widerstand von Umweltschützer*innen, Kirchen und Bergbaubetroffenen begann schon in den 1970er Jahren mit dem Aufschluss des Tagebaus Hambach und erfasste mit den Planungen für den Tagebau Garzweiler II die ganze Region. Mit einer Großveranstaltung im August 1989 in Erkelenz beantworteten die Akteure die Frage nach der Verantwortbarkeit weiterer Großtagebaue »eindeutig negativ«. Statt »Verheizte Heimat« forderten sie schon damals die Weichenstellung für einen ökologisch-nachhaltigen Strukturwandel für die Region, durch »Stärkung der Infrastruktur für die ganze Region« und regionale Energiekonzepte, die den spezifischen Bedarf an Energie mit zukünftig notwendigen verschließbaren Energiequellen, wie Sonnen-, Wasser-, Bio- und Windenergie zusammendenken und sie technisch optimal nutzen sollten.

Hier im Revier des Rheinischen Braunkohletagebaus, an diesem fragwürdigen Ort, an diesen gigantischen Löchern mit ihren gigantischen Kraftwerken, entscheidet sich die Zukunft für die nächsten Generationen. Hier entscheidet sich, ob es uns tatsächlich gelingt, den CO_2-Ausstoß drastisch zu senken und damit ein bedeutendes Zeichen zu setzen, das Klima weltweit zu verbessern.

Die Menschen im Rheinischen Revier haben einen hohen Preis für die Verschmutzung unseres Klimas bezahlt. Sie haben bezahlt mit dem Verlust ihrer Heimat und ihrer Gesundheit. Ihr Schmerz und ihre Tränen waren immer schon die stumme Anklage gegen eine Ökonomie, die immer mehr will, die ein Genug nicht kennt.

Diese gigantischen Löcher und die gigantischen Kraftwerke stehen heute da wie Monumente eines Wirtschaftens von Gestern, das für eine Gesellschaft von Morgen keine Zukunft haben kann. Wir haben so lange Zeit immer mehr verbraucht, als uns die Schöpfung an Ressourcen zur Verfügung gestellt hat. Und wir verbrauchen immer noch so viel mehr. So betreiben wir Raubbau an Natur und Mensch. »Diese Wirtschaft tötet«, sagt Papst Franziskus in seinem Dokument »Laudato Si«.

Die Diskussion über ein Ende der Braunkohleförderung hat jahrzehntelang die Menschen in der Region polarisiert. Positionen standen unversöhnlich gegeneinander, die Fronten waren verhärtet. Der jetzt auf 2030 vorgezogene Ausstieg aus der Braunkohle nimmt alle in der Region in die Pflicht, den notwendigen Strukturwandel anzunehmen und zu gestalten. Es braucht jetzt einen breit angelegten Zukunftspakt für die Regionen zwischen Aachen, Köln und Mönchengladbach, der zukunftsfähige Arbeitsplätze erschließt, die Kommunen stärkt und Kultur und Natur fördert. Politik, Wissenschaft, Wirtschaft und Zivilgesellschaft tragen gemeinsam die Verantwortung, dass Perspektiven für alle Menschen in der Region für die Entwicklung einer nachhaltigen, klimagerechten und sozialverträglichen Gesellschaft geschaffen werden. Nur wenn alle gesellschaftlichen Kräfte gemeinsam und abgestimmt nach Perspektiven suchen, wird diese Zukunftsgestaltung möglich sein und eine Region entstehen, die den Nachweis der notwendigen Transformation erbringt – nicht zuletzt auch in Vorbildfunktion für die vielen Transformationsprozesse weltweit.

Neue Perspektiven für die verbleibenden Dörfer sind partizipativ, mit den Betroffenen vor Ort, im Sinne einer nachhaltigen Wirtschaft zu entwickeln. Ein neues Wirtschaften, Bauen, neue Formen der Mobilität, des Wohnens und Lebens sind zu entwickeln und einzuüben. Dies fordert dazu heraus, mit Mut und Zuversicht die Zukunftsgestaltung für die Zeit nach der Braunkohle mit Nachdruck anzugehen, den Strukturwandel in der Region einerseits sozialverträglich und andererseits an den Nachhaltigkeitszielen des Europäischen Green Deals orientiert zu gestalten sowie unmittelbar ganz neue Perspektiven für die Region nach dem Ende der Braunkohle aktiv zu gestalten.

Dörfer der Zukunft atmen wieder Heimat

Mit einem langen Atem, großer Beharrlichkeit und fester Entschlossenheit hatten die verbliebenen Bewohner*innen den Kampf gegen die Braunkohle und die Vernichtung ihrer Heimatdörfer angenommen und am Ende gewonnen. Auch wenn es alle schmerzt, dass das Dorf Lützerath, das, wie der Hambacher Wald, zum Symbol des Widerstandes geworden war, am Ende nicht gerettet werden konnte.

»Die Jahre des Ausharrens sind endlich vorbei. Ab heute kann die Zukunft beginnen!« freut sich Patrizia Föhr von der Dörfergemeinschaft KulturEnergie«, wie die Bewohner*innen ihre Zukunftsvision in der Zwischenzeit nennen. »Ich bin fest davon überzeugt, dass unsere Dörfer zum Vorbild für ein modernes, ökologisches und solidarisches Landleben werden können.«

Den Dörfern, die erhalten bleiben, kommt eine Schlüsselrolle in der Nachgestaltung der Tagebaue, der Tagebaurandgebiete und der neuen Heimat zu. Die Leitentscheidung der Landesregierung von 2023 setzt hier klare Vorgaben, die es jetzt einzuhalten und umzusetzen gilt: »Mit der erneuten Verkleinerung des Tagebaus Garzweiler II entfällt die bergbauliche Inanspruchnahme der fünf Erkelenzer Dörfer des 3. Umsiedlungsabschnitts endgültig und sie bleiben erhalten. Dies gilt auch für die Holzweiler Höfe Eggeratherhof, Roitzerhof und Weyerhof. Es finden dort keine Umsiedlungen mehr gegen den Willen der Menschen statt. Zusammen mit dem bereits zuvor geretteten Dorf Morschenich gilt es, für alle sechs Orte eine nachhaltige Zukunft zu gestalten. …Auf kommunaler Ebene sind dazu Entwicklungskonzepte zu erstellen, die ein neues dörfliches Gemeinschaftsleben sowie Um- und Neubau in einer klimaschützenden und -angepassten, flächensparenden und/oder ressourcenschonenden Bauweise befördern… Durch eine aktive Mitgestaltung insbesondere der dort lebenden und zuziehenden Bevölkerung können sich die Ortschaften zukunftsfähig entwickeln und gleichzeitig Heimat der bisher dort lebenden Menschen bleiben. Die Beteiligung der in den Orten verbliebenen Bewohner/-innen ist für die Akzeptanz und Sozialverträglichkeit wichtig.«

In ihrer Dörfergemeinschaft »KulturEnergie – Dörfer der Zukunft« haben sich die Bewohnerinnen und Bewohner der vor dem Tagebau Garzweiler II geretteten Dörfer Keyenberg, Berverath, Kuckum, Oberwestrich und Unterwestrich zusammengeschlossen, um gemeinsam solidarische und klimagerechte Visionen für die Zukunft ihrer Orte zu entwickeln und Kooperationspartner*innen zu finden, mit denen diese Visionen realisiert werden können.

Die geretteten Dörfer bieten für die engagierte Dörfergemeinschaft die einmalige Chance, mit der erhaltenen und über Jahrhunderte gewachsenen dörflichen Infrastruktur völlig neue Wege zu gehen. Die Potentiale einer Dorfkultur, die die Vergangenheit atmet und bewahrt hat und zugleich die Zukunft von Lebensgemeinschaft, Arbeit und ökologischer Verantwortung voranbringen will, sollen nach Vorstellung der Bewohner*innen in den Bereichen Energie, Mobilität, Kultur, Ökologie, Daseinsvorsorge und Teilhabe beispielhaft für die notwendige soziale, kulturelle und wirtschaftliche Transformation unserer Gesellschaft entwickelt werden.

Die Ansiedlung von Einkaufsmöglichkeiten und von innovativen Kleingewerben sowie eine medizinische Versorgung sollen die Attraktivität für junge Familien steigern. Den romantischen Dorfcharakter mit moderner Kultur zu verbinden ist ebenso eine Zielvorstellung wie ein gemeinschaftlich betriebener Dorf- oder Hofladen mit regionalen Produkten, der tagsüber ein Einkaufsladen, abends eine Bar und am Wochenende ein Café für Besucher*innen ist, die hier etwas von der Geschichte ihrer Heimat erfahren - und dass es lohnt, für seine Vorstellungen von einem klimagerechten Leben zu kämpfen.

Und wenn eines Tages die Dörfer energieautark in Gemeinschaft durch Bürgerenergieprojekte sein werden, ein natürlicher Emissionsschutzwall aus Bäumen und Sträuchern gegen den Tagebau, Aufforstung und Vernetzung der bestehenden Wälder, Naturschutzzonen, Blüh- und Streuobstwiesen und die Wiederbelebung der Keyenberger Motte und der Niersquellen verwirklicht sind, dann kann aus der alten Heimat eine neue Heimat werden für die nächstem Generationen in einer gelungenen Fortentwicklung der Dörfer, die ihren liebenswerten Charakter bewahrt haben werden, ohne sich der Moderne zu verschließen.

Aber nicht ökonomische Ziele werden dann das Leben der Region bestimmen, sondern die Einsicht, dass das Leben im Einklang mit der Natur den Menschen guttut. So wie es die Erfahrung über Jahrhunderte war. Und die Keyenberger Kirche mit ihrer 800 Jahre alten Geschichte als neues Bürgerzentrum erzählt ihre wunderbar verrückten, eigentümlichen und liebenswerten Anekdoten von Menschen, denen dieser Ort und diese Dörfer Heimat war und ist.

Die Veränderung der Welt beginnt hier: In den Dörfern am Rand des Tagebaus. Indem die Dörfer erhalten bleiben und Neues Zukunft gewinnt aus dem Alten.
Und Hubert Perschke nimmt uns mit seinen eindrucksvollen Bildern mit auf einen Rundgang durch die Dörfer, deren Gesichter nicht Geschichten des Abbruchs erzählen, sondern eine Sehnsucht in einem wecken, wie es wieder werden kann. Tradition trifft auf den Mut für Veränderung, gelebte Gemeinschaft schafft Raum für Neuankömmlinge, Gesellschaft atmet auf: »**Es ist dir gesagt, Mensch, was gut ist und was Gott von dir fordert. (Micha 6,8)**

Zum Autor
Pfarrer Jens Sannig
Seit 2007 Superintendent im Kirchenkreis Jülich.
In der Zeit Vorsitzender der Regionalsynode Energie der Kirchenkreise Aachen, Gladbach-Neuss, Jülich, Krefeld-Viersen und Köln-Nord. Mitglied der Kommission Rheinisches Revier. Seit den neunziger Jahren engagiert für ein Ende der Braunkohle und für einen Strukturwandel gemäß der 17 Nachhaltigkeitsziele der Agenda 2030. (Mit)initiator der Entwicklungskonferenzen im Rheinischen Revier.

Leitentscheidung 2023 und die „Orte der Zukunft"

Dr. Alexandra Renz-von Kintzel

Umsiedlung war und ist für mehr als 40.000 Menschen in Nordrhein-Westfalen Realität. Umsiedlung bedeutet Verlust der Wohnung, vielleicht des Elternhauses, Verlust der Heimat. Umsiedlung bedeutet häufig jahrelange Beschäftigung mit Entschädigungsfragen, manchmal politische Auseinandersetzung mit der Braunkohle und im besten Fall ein wenig Halt in der Dorfgemeinschaft, wenn nach der gemeinsamen Umsiedlung der neue Ort auch zur neuen Heimat heranwächst. Die Regelungen für eine sozialverträgliche Umsiedlung, die in Nordrhein-Westfalen in dem jahrzehntelangen Prozess verschiedener Umsiedlungen entwickelt worden sind, sollen das Geschehen erträglich machen, sollen Transparenz in der Entschädigung vermitteln und in einzelnen Härtefällen Lösung bieten. Eine Belastung für Menschen bleibt die Umsiedlung dennoch immer.

Durch den beschlossenen Kohleausstieg 2030 und das deutlich frühere Abbauende in den Tagebauen Hambach und Garzweiler ist – zu der erfreulichen Entwicklung, dass vielen Menschen die drohende Umsiedlung erspart und dass Heimat erhalten bleibt – eine neue Herausforderung hinzugekommen: Zum Teil sind Menschen umgesiedelt und haben jetzt das Gefühl, dass diese Umsiedlung umsonst war. Im Tagebau Hambach bleiben das Dorf Merzenich und einige Flächen des ehemaligen Dorfes Manheim vom Abbau ausgespart. Im Tagebau Garzweiler II sind es mit Keyenberg, Kuckum, Ober- und Unterwestrich sowie Berverath sogar fünf Dörfer, unter denen nun keine Braunkohle mehr abgebaut wird.

Für diese Situation, die es bisher so noch nie gab, gilt es von Seiten des Landes in Zusammenarbeit mit den Kommunen und den Menschen in diesen Dörfern neue Zukunftsperspektiven zu entwickeln.

In Nordrhein-Westfalen erfolgen die grundlegenden Entscheidungen zum Umfang und Abbau der Tagebaue und der damit zusammenhängenden Fragen der Inanspruchnahme von Dörfern und Flächen sowie Fragen der nach dem Abbau folgenden Rekultivierung in „Leitentscheidungen der

Landesregierung". Im Kern sind das Kabinettentscheidungen, die vorab in einem länger laufenden dialogischen Verfahren in der Region erarbeitet werden. Als Arbeitseinheit innerhalb der Landesregierung liegt die Zuständigkeit bei der Landesplanung. Der mit partizipativen Elementen ausgelegte Erarbeitungsprozess hat sich bewährt, weil dieses Format den Raum bietet, die vielfältigen Fragestellungen rund um die Braunkohletagebaue breit zu diskutieren und Lösungen zu entwickeln.

Für die besondere Situation der Umsiedlungsdörfer, in denen Umsiedlungsverfahren begonnen haben und unterschiedlich weit fortgeschritten sind, ist damit die wichtige Möglichkeit verbunden, dass sich neben den betroffenen Kommunen insbesondere die Bewohnerinnen und Bewohner der Dörfer einbringen konnten und noch können. Dabei geht es sowohl um die Menschen, die in den Orten geblieben sind, die nun nicht mehr abgebaut werden, als auch um die Menschen, die zuvor aus diesen Orten weggezogen sind und umgesiedelt wurden.

In mehreren offenen Dialogen zeigten sich verschiedene Perspektiven und Betroffenheiten. Zunächst gibt es diejenigen, die noch in den Dörfern leben und sich fragen, wohin sich das zum Teil leergezogene Dorf zukünftig entwickeln könnte. Eine andere Perspektive nehmen diejenigen ein, die umgesiedelt sind und sich nun fragen, ob ihre Umsiedlung umsonst war und was mit ihrem alten Haus passiert. Die Entscheidung, dass die Dörfer nun stehen bleiben können, trifft auch Menschen, die sich bereits in laufenden Entschädigungsverhandlungen befinden und zum Teil weit konkretisierte Zukunftspläne hatten, die nun neu zu überdenken sind.

Eines wurde in diesen Gesprächen zur Erarbeitung der Leitentscheidung sehr schnell deutlich: Die Entscheidung, dass die Dörfer nicht mehr für den Abbau benötigt werden, bringt Klarheit, die alle begrüßen. Die darauf aufbauenden Prozesse und Überlegungen brauchen dagegen Zeit. Menschen müssen sich emotional erst sortieren, wenn es plötzlich wieder eine Perspektive für die Dörfer gibt. Auch eine Kommune bzw. deren Kommunalpolitik und die interessierten Bürgerinnen und Bürger brauchen Zeit, um ein neues Konzept für Dörfer zu entwickeln, die halb oder ganz leer gezogen sind und für die bisher nur noch der Abriss geplant war.

Zu den grundlegenden Prinzipien einer guten Planung gehört, dass gute Ergebnisse nur im Austausch mit den Betroffenen vor Ort entwickelt werden können. Das entspricht dem grundlegenden Prinzip der Raumplanung, dass es im planerischen „Gegenstromprinzip" immer genauso auf die Menschen und ihre Bedürfnisse vor Ort ankommt wie auf ambitionierte Ziele des Landes, insbesondere eine klimaschützende und angepasste, flächensparende und ressourcenschonende Bauweise. Politische Zielsetzung des Landes ist daher eine Zukunft der Dörfer als „Orte der Zukunft", die partizipativ in den kommunalen Stadtentwicklungsprozessen mit den Bewohnerinnen und Bewohnern der Dörfer entwickelt werden müssen.

Große Bedeutung hat zudem ein gutes Ausklingen des bisherigen Umsiedlungsvorgangs für die, die in den neuen Dörfern einen Neuanfang gemacht haben und noch machen wollen. Die emotionale Bindung an das ehemalige Anwesen in den Altdörfern ist oft noch sehr hoch. Eine Vorstellung, dass ein Haus, dass man für das Allgemeinwohl einer sicheren Energieversorgung – im schlimmsten Fall aber wegen der Möglichkeit einer drohenden Enteignung – verlassen musste und das nun plötzlich eine neue Zukunft haben kann, ist emotional nicht leicht einzuordnen. Die Möglichkeit eines Rückerwerbs für die, die tatsächlich zurückkommen wollen, ist daher wichtig. Gleichzeitig stehen solche einzelnen Rückerwerbungen in einem gewissen Spannungsverhältnis zu neuen städtebaulichen Leitbildern für die Dörfer. Hier werden die Kommunen im Einzelfall eine ausgewogene städtebauliche Optimierung zu suchen haben. Zusätzlich wird die Entwicklung der neuen Dörfer noch eine Weile besonders zu begleiten sein. Die neue Dorfgemeinschaft ist weiter zu stützen; helfen können insbesondere die örtlichen Vereine oder das Ehrenamt. Im Ergebnis sind beide Dörfer, Alt und Neu, darin zu bestärken, jeweils eigene, heimatgebende Identitäten und Gemeinschaften zu entwickeln.

Insgesamt ist der vorgezogene Kohleausstieg in den betroffenen Dörfern städtebauliches Neuland und birgt Chancen, aber auch Herausforderungen für alle Beteiligten. Von Seiten des Landes soll die neue Leitentscheidung bestmögliche Ausgangsbedingungen für die sehr unterschiedlichen Perspektiven und Wünsche an die Zukunft bieten. Über Strukturwandelmittel kann den betroffenen Kommunen begleitend eine erhebliche Fördersumme für den städtebaulichen Neuanfang zur Verfügung gestellt werden. Gleichzeitig wird aber ausreichend Raum bleiben, um vor Ort an den Fragen der Zukunft arbeiten zu können.

Als Ergebnis intensiver Beratungen vor Ort und innerhalb der Landesregierung sind in der Leitentscheidung 2023 folgende Kernpunkte für die Dörfer als Zukunftsdörfer aufgenommen worden:

Zukunftsdörfer in Erkelenz und Merzenich

(1) Die Ortschaften Keyenberg, Kuckum, Unter- und Oberwestrich sowie Berverath (Stadt Erkelenz) werden wie Morschenich (Gemeinde Merzenich) zu „Orten der Zukunft" entwickelt.

(2) Die kommunalen Entwicklungskonzepte folgen dem Leitbild, neue Wohn- und Arbeitsformen zu etablieren und wieder ein dörfliches Gemeinschaftsleben zu ermöglichen. Um- und Neubau sollen in einer klimaschützenden und -angepassten, flächensparenden und/oder ressourcenschonenden Bauweise erfolgen. Dabei werden hohe Anforderungen an die Qualität der Planung gestellt. Es ist eine intensive Einbindung der Bevölkerung, insbesondere der Bevölkerung in den betroffenen Ortschaften, in die örtlichen Entscheidungen sicherzustellen.

(3) Die Regionalplanung schafft die erforderlichen räumlichen Voraussetzungen für die tragfähige Entwicklung der Zukunftsdörfer unter Berücksichtigung der kommunalen Konzepte und ihrer perspektivischen Ausrichtung zum See. Die Stadt Erkelenz und die Gemeinde Merzenich oder von diesen beauftragte Dritte werden mit Mitteln des Strukturwandels bei der Weiterentwicklung und Neugestaltung der Ortschaften sowie der Ertüchtigung der öffentlichen Infrastruktur unterstützt.

(4) Früheren Eigentümern/-innen mit Umsiedlerstatus und deren Kindern soll eine zeitlich befristete Vorkaufsoption eingeräumt werden. Dazu sollen in den betroffenen Kommunen zeitnah Interessenbekundungsverfahren mit dem Ziel gestartet werden, eine Vorkaufsoption zu ermöglichen. Diese soll sich auf das frühere, selbstgenutzte Wohneigentum beziehen. Die kommunalen Entwicklungskonzepte bilden die Voraussetzung für die oben genannte Vorkaufsoption, die eine Verpflichtung zur Eigennutzung und baulichen Entwicklung im Einklang mit den kommunalen Entwicklungskonzepten beinhaltet.

Zur Autorin:
Alexandra Renz-von Kintzel verantwortet den Bereich Landesplanung im Ministerium für Wirtschaft, Industrie, Klimaschutz und Energie. Den Braunkohleabbau mit seinen immensen Folgen für die Menschen und die Raumentwicklung begleitet sie seit Beginn ihrer Berufstätigkeit bei der Bezirksregierung Köln in Regional- und Braunkohlenplanung. Schwerpunkt zuletzt waren die Leitentscheidungen der Landesregierung zur Verkleinerung der Tagebaue, die im Fachbereich Landesplanung erarbeitet wurden.

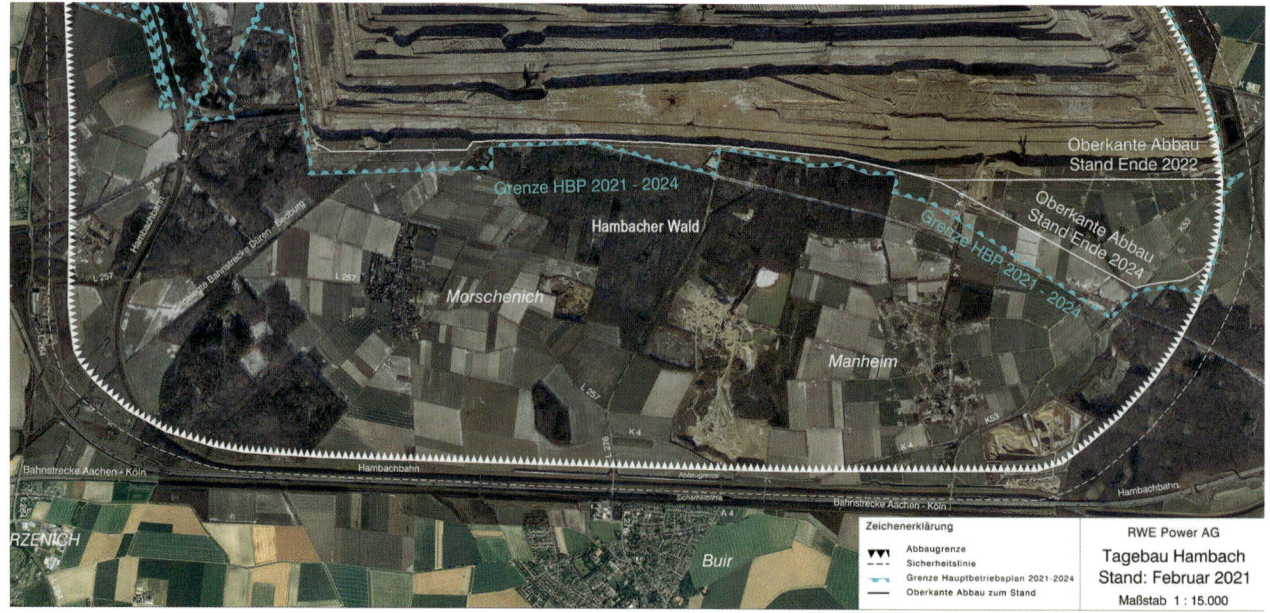

Morschenich -alt – Ort der Zukunft

Hubert Perschke

Der Ort Morschenich, der zur Gemeinde Merzenich gehört, liegt am Südrand des Tagebau Hambach im Kreis Düren. Seine Felder grenzen an den Rhein-Erft-Kreis. Ursprünglich sollte der Ort dem Tagebau weichen. Geplant war den Ort zwischen 2019 bis 2024 abzureißen, um später die darunter liegende Kohle zu fördern.

Der Hambacher Wald, der bis an die Ortsgrenze von Morschenich reichte, hatte vor der Öffnung des Tagebaus eine Größe von 4.100 ha und war ein Bürgewald, der sich im Besitz der umliegenden Gemeinden befand. Den Namen Hambacher Forst erhielt der Wald erst mit der Entscheidung den Tagebau zu eröffnen. Damit entfielen die vielen Eigennamen wie z. B. Merzenicher oder Buirer Bürge und damit die heimatliche Identifikation der Anrainer. Der Bürgewald war einer der ältesten Wälder Europas und er hätte auch durch seine Besonderheiten unter Naturschutz gestellt werden können.

Im April 2012 besetzten Aktivisten den Hambacher Wald und machten deutlich, dass hier ein wertvoller Wald für die Förderung der klimaschädlichen Braunkohle zerstört wird. Ihr Slogan lautete: „Wald statt Kohle". Im November 2012 folgte die erste Räumung des Waldes. Weitere Besetzungen und weitere Räumungen schlossen sich an. Im September 2018 folgte die letzte Räumung der jetzt über den gesamten Restwald verbreiteten Baumhäuser.

Der Hambacher Wald wurde liebevoll „Hambi" genannt und hatte sich zum Symbol des Klimaschutzes entwickelt. Eine breite Öffentlichkeit setzte sich für den Erhalt des jetzt nur noch 650h großen Waldes ein, zuletzt mit einer Großdemonstration an der 50.000 Personen beteiligt waren. Auch erreichte der BUND über den Klageweg die Rodung zu stoppen. Unter diesen Voraussetzungen entschied die Landesregierung, dass der „Hambi" erhalten bleibt.

Der Wald war gerettet und mit ihm, so die Vorstellung der Klimabewegten, auch die Dörfer Manheim und Morschenich-alt. Aber mit dem verkleinerten Tagebau fehlte Kies, um steile Böschungen für die Zukunft zu stabilisieren. Sie würden mit dem drückenden Grundwasser abrutschen und alles darauf Befindliche mitreißen. Die Pläne der RWE sahen vor, die Flächen der Orte Manheim und Morschenich-alt für einen Kiesabbau zu nutzen und mit dem Material die Böschung vor dem Ort Elsdorf dauerhaft standsicher zu gestalten. Kohlebagger sollten vom Tagebau aus rechts und links des Waldes den Kies bis in die Dörfer abtragen. Die Orte sollten verschwinden und hier Buchten entstehen.

Die Entscheidung, den Wald zu erhalten, war der Startschuss für den Bürgermeister von Merzenich, Herr Gelhausen, sich für den Erhalt des Ortsteils Morschenich-alt einzusetzen. Und als die RWE ihren Plan vorlegte, den Ort auszukiesen, machte Herr Gelhausen seinen politischen Einfluss bis in die Landesregierung geltend. Im Januar 2020 erhielt der Ort Morschenich den Zusatz „Ort der Zukunft".

Morschenich / Bürgewald - Ort der Zukunft

Georg Gelhausen

Nach Veröffentlichung des Berichts der Kommission "Wachstum, Strukturwandel, Beschäftigung" Anfang 2019 war für mich klar, dass eine realistische Chance besteht, die Ortslage Morschenich für die Gemeinde Merzenich zu erhalten. Gleichzeitig war für mich auch klar, dass aufgrund der Strahlkraft der gesellschaftlichen Auseinandersetzungen um den Ausstieg aus der Kohleverstromung gerade hier und an diesem Ort etwas Neues und Besonderes entstehen müsse.

Als dann der damalige NRW-Wirtschaftsminister Prof. Dr. Andreas Pinkwart Anfang Februar 2019 in einer Informationsveranstaltung zu den Empfehlungen der sog. Kohlekommission die Kommunen aufforderte gute Ideen für den Strukturwandel einzubringen, war die Idee bzw. Vision für einen Ort der Zukunft, wie immer auch seine DNA aussehen wird, geboren.

Erste Projektskizzen beschloss der Merzenicher Gemeinderat bereits einstimmig Mitte 2019 in Form einer Projektmappe „Lust auf eine gute Zukunft"[1]. Diese wurden mit der Stellungnahme der Gemeinde zur Anpassung des Braunkohleplanes Anfang 2022 in einem Strategiepapier konkretisiert[2].

Zu den wichtigen Meilensteinen dieses schwierigen Transformationsprozesses der Wiederauferstehung eines totgeglaubten Dorfes muss sicher auch die frühzeitige Entscheidung des Gemeinderates gezählt werden, den Ort nach Abschluss der Umsiedlung neu zu benennen. Bereits im Sommer 2022 legte der Gemeinderat auf Empfehlung der Morschenicher Umsiedlerinnen und Umsiedler fest[3], dass mit Abschluss der Umsiedlung der alte Ort in Bürgewald umbenannt werden soll.

(1) Vorgang 88/2019 | Gemeinde Merzenich (kdvz-frechen.de)
(2) Vorgang 2/2022 | Gemeinde Merzenich (kdvz-frechen.de)
(3) Vorgang 25/2022 | Gemeinde Merzenich (kdvz-frechen.de)

Dieser als Arbeitstitel in der Broschüre „Lust auf eine gute Zukunft" gewählte Name in Verbindung mit den angrenzenden Wald- und Forstflächen wurde von Anfang an positiv wahrgenommen. Auch die Ergebnisse der denkmalpflegerischen Analyse des Landschaftsverbandes Rheinland (LVR) zur Dorferneuerung von Morschenich-Alt[4] legten eine Namensgebung in diesem Sinne nahe.

Am 06. Juli 2024 ist es so weit. Am Tag des Abschlussfestes der Umsiedlung wird diese Umbenennung wirksam werden.

Der sicherlich bedeutendste und in der Geschichte des Rheinischen Reviers einzigartigste Meilenstein war die Verständigung zwischen RWE Power, dem Land NRW und der Gemeinde Merzenich über die Rückübertragung von Morschenich-Alt von RWE Power auf die Gemeinde Merzenich in Umsetzung der politischen Verständigung zum Kohleausstieg 2030 vom 4.10.2022[5]. Diese hat die letzte Tür für einen Neuanfang geöffnet.

Und wie geht es weiter?

Bürgewald soll ein Ort werden, der sinnbildlich für die Transformation und den Strukturwandel im Rheinischen Revier steht. Ohne die besondere Geschichte von Morschenich-Alt zu vergessen, geht es um einen Neuanfang und eine ambitionierte Entwicklung des Dorfs mit klarem Profil. Dies soll auch im Hinblick auf die anvisierte Internationale Bau- und Technologieausstellung im Jahr 2032 geschehen. Das Dorf soll zudem als Impulsgeber und Blaupause für weitere Orte der Zukunft im Rheinischen Revier mit ähnlichen und eigenen Herausforderungen fungieren.

In Zukunft sollen in Bürgewald dörfliche Zukunftsthemen mit innovativen Lösungen konkret vor Ort umgesetzt und von den neuen Bewohnerinnen und Bewohnern gelebt werden. Es soll ausprobiert und aufgezeigt werden, was ein Dorf der Zukunft ausmacht. Bürgewald soll sich dabei an folgenden Zukunftsbildern orientieren:

1. Viele Gemeinwohl orientierte Menschen haben in Bürgewald Eigentum gebildet oder eine Mietwohnung gefunden. Innovative bauliche Lösungen wurden auch bei denen möglich, deren Geldbeutel für innovatives Bauen nicht prall gefüllt war.
2. Neue immissionsarme Betriebe und Beschäftigungen sind im Einklang mit einer Wohnnutzung auf einem Baufeld oder „unter einem Dach" entstanden. Bürgewald ist kein „Schlafdorf" für Pendler nach Köln oder Aachen geworden.
3. Die umgebende Landwirtschaft wird nicht als störend betrachtet, sondern trägt über neue Möglichkeiten der Bioökonomie zur Daseinsvorsorge bei. Neue Beschäftigungsverhältnisse sind entstanden.
4. Die Bewohnerinnen und Bewohner bilden eine neue Dorfgemeinschaft, in der gemeinsam soziale, kulturelle und ökologische Anliegen umgesetzt werden. Eine Bürgewald-Genossenschaft, an der alle Eigentümerinnen und Eigentümer des Dorfes beteiligt sind, betreibt die Infrastruktur.
5. Das Bild eines ursprünglichen Rheinischen Dorfes entlang der bestehenden Straßen wurde bewahrt. Neubauten fügen sich ein, interpretieren das Dorfbild aber neu.
6. Das Auto prägt nicht – wie in anderen Dörfern des Rheinischen Reviers – das Bild des öffentlichen Raumes. Stattdessen gibt es viel Grün, mehr Aufenthaltsqualität und mehr Raum zum Spielen. Die Mobilität ist weniger auf das Auto ausgerichtet, weil Alternativen angeboten werden.

---

(4) Vorgang 11/2022 I Gemeinde Merzenich (kdvz-frechen.de)
(5) Vorgang M132/2023 I Gemeinde Merzenich (kdvz-frechen.de)

7. Strom und Wärme werden in dem Umfang regenerativ gewonnen, wie Bürgewald diese benötigt. Eine weitgehende Autarkie und eine ortsnahe Verknüpfung von Erzeugung und Verbrauch wurden erreicht. Betreiber der Infrastruktur ist die Bürgewald-Genossenschaft.
8. Regenwasser wird dort wo möglich gesammelt, um in den Hitzeperioden ein Wasserdefizit zu vermeiden und gleichzeitig den Verbrauch von Trinkwasser zu reduzieren. Wasser ist auch Gestaltungselement im öffentlichen Raum. Starkregenereignisse werden bewältigt und stellen keine Katastrophe dar.
9. Abwässer werden erfasst und aufbereitet, um die Nutzung von Trinkwasser zu schonen. Abwasser wird so weit wie möglich gereinigt und in den Nutzungskreislauf wieder integriert. Innovative Lösungen wurden umgesetzt.
10. Landschaft und Dorf bilden keinen Gegensatz. Eine ökologische Gestaltung des Ortsrandes verbindet gestalterische, infrastrukturelle und ökologische Anliegen.

Ein Masterplan wird diesen schwierigen Transformationsprozess strukturieren und leiten. In den nächsten anderthalb Jahren werden die Ziele und der Weg zum Ort der Zukunft konkretisiert und festgelegt. Geeignete Bürgerbeteiligungsformate werden diesen Prozess selbstverständlich begleiten.

Eingebettet sein wird dieser Masterplan in den Rahmenplan der Neuland Hambach GmbH[6].
Eins ist klar. Nicht jede Idee wird eine Chance zur Umsetzung haben. Dennoch ist es unser Bestreben, diesen Prozess mit seinen hohen qualitativen Ansprüchen mit breiter bürgerschaftlicher Beteiligung und Akzeptanz zu meistern.

Dank der herausgehobenen Rolle dieses Projektes als sog. Ankerprojekt des Strukturwandels im Rheinischen Revier und einer entsprechenden Förderung und Unterstützung seitens der Landesregierung wird dieser Neuanfang und Aufbruch zu einem Ort der Zukunft gelingen.

Zum Autor:
Georg Gelhausen ist seit 2015 Bürgermeister der Gemeinde Merzenich. Er ist 1965 in Köln geboren, aufgewachsen in Merzenich, evangelisch, verheiratet und hat zwei Söhne.
Die heiße Phase der Umsiedlung hat er von Beginn an begleitet. Bis heute pflegt er engen Kontakt zu den Umsiedlerinnen und Umsiedlern.
Bis zu seiner Wahl als Bürgermeister war er Referent im Bundesministerium des Innern. Dort hat er zuletzt an der Umsetzung des Regierungsprogramms „Digitale Verwaltung 2020" mitgewirkt. Persönlich hat er sich immer für gute Netzwerkarbeit auf allen föderalen Ebenen (Bund, Länder und Kommunen) sowie mit den kommunalen Spitzenverbänden und der Kommunalen Gemeinschaftstelle (KGSt) eingesetzt. Der Austausch und die Zusammenarbeit mit der Wissenschaft in konkreten Forschungsprojekten hatte für ihn schon immer einen hohen Stellenwert. Sein Leitmotiv für das Bürgermeisteramt seiner Heimatgemeinde ist „Gemeinsam mehr aus Merzenich machen". Dies gilt im besonderen Maße auch für den Aufbau von Bürgewald als Ort der Zukunft.

---

(6) Rahmenplan Tagebau Hambach I NEULAND HAMBACH (neuland-hambach.de)

Hingeschaut: Bürger*innenbeteiligung

Überlegungen zur Zukunftsplanung in den verbleibenden Dörfern

Dr. Manfred Körber

Hubert Perschke schaut hin. Er schaut hinein in die Dörfer, spricht mit Menschen, zeigt ihren Alltag. Er lässt uns in diesem Buch teilhaben an seinen fotografischen Spaziergängen. Es waren solche Dorfspaziergänge, die eine besondere Bedeutung für das zivil-gesellschaftliche Engagement gegen die Ausweitung des Tagebaus Garzweiler II hatten. Das Format kannte man vom Protest zum Erhalt des Hambacher Waldes. Viele Menschen folgten der Einladung in die Dörfer, um gemeinsam mit den Bewohner*innen für den Stopp des Kohleabbaus, den Erhalt der alten Heimat und eine lebenswerte Zukunft einzutreten. Nun fokussiert Hubert Perschke eine neue Etappe: Alte Heimat – Neue Zukunft. Er bat mich, den Blick auf die Beteiligung der Bürger*innen bei den Planungsprozessen ihrer neuen Heimat, ihrer Zukunftsdörfer, zu richten. Ich tue dies aus der Perspektive des Nell-Breuning-Hauses, eines Bildungs- und Tagungszentrums in Herzogenrath, das sich in zivilgesellschaftlichen Beteiligungsprozessen engagiert, aufsuchende politische Bildung realisiert und Bürger*innenbeteiligung aktiv unterstützt, so auch in den fünf verbleibenden Dörfern im Rheinischen Revier.

Mit der Entscheidung, dass die fünf Dörfer bestehen bleiben, und mit der Leitentscheidung der Landesregierung von 2023 hat die neue Phase der Zukunftsgestaltung begonnen. Wie soll die Zukunft der Dörfer konkret aussehen? Wer wird wie woran beteiligt? Wie können die Interessen von Kommunen, Bergbaubetreibenden, Landesregierung und Anwohner*innen berücksichtigt werden? Konflikte aus der Vergangenheit können nicht so einfach bei Seite geschoben werden. Die Bilder der Auseinandersetzung um Lützerath sind im Vordergrund noch präsent, die Wurzeln der Konflikte reichen aber viel tiefer. Wer Zukunft in den Dörfern will, muss bereit sein daran zu arbeiten. Reißbrettpläne und Hochglanzbroschüren werden da kaum ausreichen.

Aber die Chance, etwas Neues zu gestalten, ist mindestens so groß wie die belastende Hypothek. Verloren geglaubte Flächen, Gebäude und Gemeinschaften können neu belebt werden und dies vor den Herausforderungen, die die sozial-ökologische Transformation an unsere Gesellschaft und hier speziell an die ländlichen Räume stellt. Da geht es nicht nur um klimagerechte Gebäude- und Energiekonzepte, sondern um Konsumverhalten, Gemeinschaftsformen, Gesundheitsversorgung, Mobilität u.v.m. Ohne den Einbezug der Bürger*innen in die Planung und ihr aktives Mitwirken bei der Umsetzung wird es keine tragfähigen und nachhaltigen Antworten geben. So wird die Zukunftsplanung der Dörfer auch zu einem demokratischen Projekt. Welche Auswirkungen es hat, wenn die Bürger*innen bei der sozial-ökologischen Transformation nicht einbezogen werden, sehen wir aktuell: Politische Vorhaben werden nicht mehr verstanden und nachvollzogen, polarisierte Positionen behindern den demokratischen Diskurs und schwächen die Lösungskompetenz der Demokratie.

Bürger*innenbeteiligung als methodische Herausforderung

Neue partizipative Formate wollen ermöglichen, dass unsere Gesellschaft Lösungen für die drängenden Herausforderungen der Gegenwart und Zukunft findet und möglichst viele Menschen zum Mitmachen gewinnt. Viele solcher Formate sind in den letzten Jahren entwickelt worden und sie werden kontinuierlich weiterentwickelt. Eine große Methodenvielfalt eröffnet heute vielfältige Mitwirkungs- und Mitentscheidungs-möglichkeiten für die Bürger*innen. Auch gibt es Einrichtungen, die hier Hilfestellungen geben. Mit dem Berliner Institut für Partizipation[1] oder der Stiftung Mitarbeit[2] etwa gibt es gemeinwohlorientierte Akteure, die sowohl das methodische Wissen ein- wie auch konkrete Vorhaben voranbringen. Zudem haben sich inzwischen eigene Beteiligungsdienstleister gegründet. Bürger*innenbeteiligung ist ein Geschäftsmodell geworden, was durchaus ambivalent zu sehen ist.[3]

Führen neue Akteure, Formate und Methoden aber auch wirklich zu mehr konkreter Planungsbeteiligung von Bürger*innen? Durchweg scheint es so zu sein, dass insbesondere bei Stadtentwicklungs- oder Infrastrukturprojekte heute eine möglichst breite, inklusive Beteiligung der Bürger*innen zum Standard geworden ist. Dabei ist zu unterscheiden zwischen formellen und nicht-formellen Beteiligungsverfahren.

Formelle Bürger*innenbeteiligung ist gesetzlich vorgeschrieben und unterliegt nicht einer Ermessensentscheidung der Behörden. Das bedeutet aber nicht zwangsläufig, dass die Ergebnisse der Beteiligung verbindlich sind. Zumeist haben diese Verfahren eine beratende Funktion. Sie orientieren sich am Modell der Anhörung, das einzelnen Personen ermöglicht, sich mit ihren schriftlichen Hinweisen direkt an die Behörden zu wenden, die hierzu dann schriftlich Stellung nehmen müssen.

Die nicht-formelle Bürger*innenbeteiligung findet Anwendung, wenn öffentliche Stellen Ermessens- und Gestaltungsspielräume bei der Planung und Umsetzung von Vorhaben einräumen. Ein Rechtsanspruch besteht nicht. Hier kommen dann unterschiedlichste Verfahren und Methoden zum Einsatz, die in der Regel aus anderen Aufgabenfeldern, wie der Organisationsentwicklung oder dem Projektmanagement, auf die besonderen Bedingungen einer Bürger*innenbeteiligung angepasst werden.[4] Der ganz überwiegende Teil der nicht-formellen Bürger*innenbeteiligung findet auf der kommunalen Ebene statt.

---

(1) https://www.bipar.de/transformation/
(2) https://www.mitarbeit.de/
(3) Clemens Holtmann (2019), Die privatisierte Demokratie. Der Staat darf Beteiligung nicht an private Unternehmen auslagern. https://www.progressives-zentrum.org/publication/die-privatisierte-demokratie/
(4) Siehe: https://allianz-fuer-beteiligung.de/publikationen/

Häufig wird im Zuge nicht-formeller, aber auch formeller Beteiligungsprozesse auf die Notwendigkeit einer breiten Beteiligung hingewiesen. Dieser Appell resultiert aus der Feststellung, dass sich bei klassischen Beteiligungsverfahren wie Anhörungen oder Bürger*innenversammlungen vor allem jene Gruppen einfinden, die ohnehin politisch interessiert und engagiert sind, ergänzt höchstens um Gegner*innen des jeweiligen Vorhabens. Breite Beteiligung bezieht sich daher nicht ausschließlich auf die Anzahl derer, deren Meinungen und Ideen bereits gut abgebildet sind. Vielfalt statt Vielzahl lautet die Devise.

Breite Beteiligung folgt somit dem Grundsatz der Inklusivität: Die ohnehin Aktiven und Integrierten, die formal Gebildeten und mittleren Altersgruppen sollen nicht überrepräsentiert sein. Sondern es sollen alle Gruppen angemessen vertreten sein, denen die Entscheidung etwas angeht – auch jene, die ihre Stimme sonst eher selten erheben oder schwer erheben können", so die Bertelsmann Stiftung.(5)

Auch wenn die nicht-formelle Bürger*innenbeteiligung rechtlich wenig abgesichert ist, bildet sie eine zentrale Grundlage für die Akzeptanz demokratischer Verfahren und bei der Etablierung einer Beteiligungskultur. Sie legt ein hohes Gewicht auf diskursive Ansätze. Die Teilnehmenden sollen Argumente und Ideen zu einer klar umrissenen Thematik austauschen und gemeinsam Lösungen entwickeln. Verwaltung und Behörden bringen ihre Kompetenzen im Idealfall partnerschaftlich mit in den Austausch ein. Erfolgreich ist die nicht-formelle Bürger*innenbeteiligung dann, wenn sie Relevanz herstellen kann und ihre Ergebnisse auch wirklich zur Umsetzung kommen. Da sie hier nicht auf rechtliche Grundlagen zurückgreifen kann, sind Spannungen zum Beispiel zwischen Bürger*innengruppen, politischen Gremien und der Verwaltung durchaus Teil des Prozesses und müssen entsprechend moderiert werden. Öffentliche Selbstverpflichtungen oder die Entwicklung von Leitlinien für Beteiligung sind Versuche, dem Risiko des Scheiterns der Beteiligung entgegenzuwirken.

Auch im Strukturwandel des Rheinischen Reviers finden wir diese Problemlage. Um der nicht-formellen Bürger*innenbeteiligung einen Ort im Prozess des Wandels einzuräumen, wurde die *Bürgerbeteiligungscharta Rheinisches Revier* als integrativer Bestandteil im *Wirtschafts- und Strukturprogramm für das Rheinische Zukunftsrevier* verankert. Dieses hat den Anspruch, alle grundlegenden Strategien und Ziele für den Strukturwandel im Rheinischen Revier zusammenzufassen. Die Charta selbst ist ein umfangreicher und ausführlicher Katalog, wie Bürger*innenbeteiligung bis 2038 gestaltet werden soll. Sie listet Qualitätsmaßstäbe und Vorstellungen für Beteiligungsprozesse auf.(6)

Dennoch sieht die Studie *Strukturwandel im Rheinischen Revier: Partizipation der Zivilgesellschaft zwischen Anspruch und Wirklichkeit* die bisherigen Beteiligungsprozesse kritisch. Sie bewertet die Beteiligungsangebote als wenig inklusiv und transparent. „Die organisierte Zivilgesellschaft wie beispielsweise Interessen aus den Umwelt- und Naturschutzverbänden, Bildungsträgern, Kirchen und der Kultur- und freien Kunstszene und auch die breite Bürgerschaft blieben weitgehend außen vor. Ambitionierte Beteiligungsformate und Methoden, die eine aktive Steuerung des Zugangs- und der Zusammensetzung der Beteiligungsprozesse zulassen, wurden nicht zur Anwendung gebracht.

---

(5) Bertelsmannstiftung (Hg.) (2017) Wegweiser breite Bürgerbeteiligung. Argumente, Methoden Praxisbeispiele. https://www.bertelsmann-stiftung.de/fileadmin/files/Projekte/Vielfaeltige_Demokratie_gestalten/Wegweiser_breite_Beteiligung_FINAL.pdf, 3
(6) Zukunftsagentur Rheinisches Revier (Hg.) (2021), Wirtschafts- und Strukturprogramm 1.1., Die Revier Charta, https://www.rheinisches-revier.de/, 148- 152

Darüber hinaus fehlten Angebote, die informierte und intensive Konsultationen mit Akteuren aus der Bürgerschaft ermöglichen", so lautet das Urteil der Autor*innen.(7)

Bürger*innenbeteiligung als demokratische Chance

Angesichts dieser Bewertung sowie der Absicht der Zukunftsagentur Rheinisches Revier als handelnde Verwaltungsstruktur, auch die nicht-formelle Bürger*innenbeteiligung im Strukturwandel neu aufzustellen, kommt dem Zukunftsprozess in den fünf verbleibenden Dörfern eine bedeutsame Rolle zu. Nicht-formelle Bürger*innenbeteiligung braucht konkrete Themenstellungen. Die gesamte Region, das Revier und den Strukturwandel zu thematisieren, ist sehr abstrakt und wenig erfolgreich, die Gestaltung der neuen alten Heimat im Dorf dagegen ist lebensnah und sehr konkret.

Wenn der Strukturwandel nicht ausschließlich als ökonomische Strategie, sondern als gesellschaftliche Aufgabe im Kontext der großen Herausforderung der sozial-ökologischen Transformation gesehen wird, dann liegt – so meine These - in den Dörfern eine ungeheure Chance. Die Gefahr allerdings ist, dass diese Chance im Kleinklein von Kommunalpolitik, Verwaltung und Bürger*innengruppen verspielt wird. Der Prozess darf daher nicht auf die formelle Beteiligung reduziert werden. Oder wie es eine Bürgerin sagte: „Zettel haben wir bei Anhörungsrunden genug geklebt." Es käme darauf an, mit allen Beteiligten eine neue Beteiligungskultur zu schaffen. Dies wäre aufgrund der Konfliktgeschichte ein hochspannender und aussöhnender Prozess. Die Zukunftsdebatte der Dörfer ist damit exemplarisch für demokratisches Lernen und Handeln in der Transformation. Sie weist über sich hinaus.

In diesem Zusammenhang sei auf die Studie *Die Übergangenen – Strukturschwach & Erfahrungsstark* des Progressiven Zentrums Berlin verwiesen. Auf der Grundlage von Befragungen in vier strukturschwachen Regionen in Deutschland kommt diese zu dem Ergebnis, dass der sozial-ökologische Umbau nicht als Chance für verbesserte Lebensumstände genannt wird. Eher besteht die Sorge, dass die Transformation zu weiteren Nachteilen für die Region und Menschen führt. Die Studie zeigt auf, dass die Menschen in strukturschwachen Regionen unter dem Eindruck mangelnder Repräsentanz, Wertschätzung und Einbindung leiden. Sie empfiehlt, dass die Politik daher mehr Mitsprache- und Mitbestimmungsmöglichkeiten für die Zukunft der eigenen Region schafft, zum Beispiel durch sog. regionale Transformationscluster als Orte des Zutrauens und Vertrauens.(8) Hier beraten Betriebe, Gewerkschaften, Politik, Kultur, Zivilgesellschaft und Bürger*innen gemeinsam über wegweisende Entscheidungen. Die Dorfentwicklung in den verbleibenden Dörfern könnte darin bundesweit modellhaft sein. Sie könnte darlegen, wie Menschen in strukturschwachen Regionen zu Profiteur*innen des Wandels werden können, indem sie über die Zukunft ihres eigenen Lebensraums mitbestimmen.

Beteiligungsprojekte als Schlüssel zu wirksamer Planung

Nicht-formelle Beteiligung ist mehr als das methodisch angeleitete Erstellen von Plänen bei Anhörungen und Bürger*innengesprächen oder das Ausfüllen von online-Fragebögen. Nicht-formell ist es auch, wenn Bürger*innen selbst konzipieren und gestalten. Neben den Methoden und Verfahren sind daher beteiligungsorientierte Projekte ein Schlüssel zu wirksamer Planung. Daher sollen hier drei solche Beteiligungsprojekte kurz vorgestellt werden.

---

(7) Ute Goerke, Jan-Hendrik Kamlage, Leonard Pauß (Hg.) (2023) Strukturwandel im Rheinischen Revier: Partizipation der Zivilgesellschaft zwischen Anspruch und Wirklichkeit, Rufis-Bochum, 5
(8) Florian Ranft, Paulina Fröhlich (2022), Die Übergangenen – Strukturschwach & Erfahrungsstark. Eine Studie zur Bedeutung regionaler Perspektiven für die Große Transformation, https://www.progressives-zentrum.org/publication/die-uebergangenen/, 29

Den Beginn macht der Prozess der Dörfergemeinschaft KulturEnergie mit seinen Leitlinien und Visionen für die Zukunft der geretteten Dörfer.(9) Daran knüpft die Demokratiewerkstatt Rheinisches Revier an, die durch eine dialogische und niedrigschwellige Ansprache vielen Menschen politische Teilhabe ermöglichen will.(10) Am Horizont taucht schließlich das Café NUMMER 5 auf, das zum Ort eines regionalen Transformationsclusters werden kann.

Am 17.11.2022 präsentierte die Dörfergemeinschaft KulturEnergie der Öffentlichkeit ihre eigenen Zukunftspläne. Diese wurden zuvor in einem partizipativen Prozess innerhalb der Gruppe entwickelt. Begleitet wurde das Konzept von der Forderung, dass drei Prozent der Strukturwandelgelder für die Dörferentwicklung eingesetzt werden sollen. Konzeptionell schlägt die Dörfergemeinschaft konkrete Maßnahmen in den Bereichen Energie, Mobilität, Kultur, Ökologie, Daseinsvorsorge und Teilhabe vor. Ziel ist es, die Dörfer zu einem Vorbild des wiederbelebten ländlichen Raums zu machen - ein Ziel, das auch von anderen Dorfinitiativen mitgetragen wird.

Ein Leuchtturmprojekt ist das „Altersdorf". Entsiedelte Straßenzüge sollen zusammengelegt werden, um ein Gebiet zu erschaffen, wo beispielsweise ältere Menschen mit Betreuungsbedarf sicher und gut versorgt leben können. Vorbilder hierzu gibt es in den Niederlanden. Inzwischen wurde dieses Projekt vom Bundesinstitut für Bau-, Stadt- und Raumforschung im Rahmen des Ideenwettbewerbs *Mitmachen, gemeinsam machen, wir gestalten den Strukturwandel in unseren Regionen* mit einem Preis ausgezeichnet. Solche Anerkennung verpflichtet zur Weiterarbeit. So führte die Initiative 2023 eine ganztägige Zukunftskonferenz vor Ort durch. Hier ging es mit der Unterstützung von Expert*innen um die weitere Ausgestaltung der Zukunftsvisionen. Gemeinsam wurden Projekte für eine ökologische, moderne und innovative Wiederbelebung der fünf geretteten Dörfer am Tagebau Garzweiler konkretisiert. Durch diese Konferenz ist das Netzwerk an interessierten und mitwirkenden Partner*innen von Hochschulen, Bildungseinrichtungen, Planungsbüros, Kulturinitiativen, Betrieben, Verbänden u.v.m. stark gewachsen.

Auch an der Bürger*innenbeteiligung der Kommune Erkelenz beteiligte sich die Initiative. So begrüßt man den Nachhaltigkeitsschwerpunkt der von einem niederländischen Planungsbüro vorgelegten kommunalen Visionen, blickt aber auch mit Sorge auf mögliche Abrisse und großindustrielle Projekte. „Viele unserer Ideen finden sich bereits in den vorgestellten Szenarien wieder. Gleichzeitig gibt es noch genügend planerische Freiräume für neue Projekte. Das Planungsbüro Must macht einen guten Job. Ich schaue gespannt auf die nächsten Schritte und freue mich auf den anstehenden Austausch", so ein Mitglied der Dörfergemeinschaft. Von der konkreten Zusammenarbeit von Planungsbüro, Kommunalverwaltung und Betroffenen wird viel abhängen.

Im Demokratiebericht des Landes NRW von 2021 werden die „Demokratiewerkstätten im Quartier" als ein wichtiges Instrument der aufsuchenden politischen Bildungsarbeit für NRW positioniert.(11) Ziel der Demokratiewerkstätten ist es, Menschen in der Nachbarschaft bei der Artikulation und Umsetzung ihrer eigenen Interessen zu unterstützen.

Auf diese Weise unterstützen sie Menschen vor Ort dabei, selbst etwas zu bewirken. Dazu kooperiert die Landeszentrale für politische Bildung mit Partner*innen vor Ort. Das Vorhaben der Demokratiewerkstatt Rheinisches Revier wird im Bericht ausdrücklich erwähnt und dann 2022 auch in Kooperation von Nell-Breuning-Haus als Einrichtung der politischen Bildung, und der

---

(9) https://dgkulturenergie.de/
(10) https://demokratiewerkstatt-rheinsches-revier.de/
(11) Landeszentrale für politische Bildung (Hg.) (2021) Demokratiebericht zur Lage der politischen Bildung in Nordrhein-Westfalen. Politische und demokratische Lebenswelten der nordrhein-westfälischen Bevölkerung, https://www.politische-bildung.nrw.de/wir-partner/projekte/demokratiebericht, 64

Landeszentrale gemeinsam umgesetzt. Der Strukturwandel ist für die beiden Träger in vielerlei Hinsicht exemplarisch für die wirtschaftliche und gesellschaftliche Transformation entwickelter Industriegesellschaften - und auch ein Reallabor für die Zukunft der Demokratie.

Die Demokratiewerkstatt spricht durch dialogische und niedrigschwellige Angebote viele Menschen an und ermöglicht so politische Teilhabe. Schon zu Beginn hat man sich für eine Verortung des Projektes in Erkelenz entschieden. Die sich dann eröffnenden Perspektiven für die fünf verbleibenden Dörfer sieht man als Chance und bietet hier auch entsprechende Unterstützung an. Im ersten Jahr hat die Demokratiewerkstatt neben dem Aufbau eines Treffpunktes und Büros, der Organisation von Dialogen, der Stärkung der Bürger*innenbeteiligung und dem Ausbau von Vernetzungen vier konkrete beteiligungsorientierte Projekte auf den Weg gebracht: (12)

1. Schreibmaschinenprojekt in Kooperation mit dem LVR Projekt geSchichten
2. Dokumentarfilmprojekt in Kooperation mit Aber Hallo! e.V. aus Alsdorf
3. RevierDialoge in Kooperation mit dem Bistum Aachen
4. Dorffest in Kooperation mit der Dörfergemeinschaft KulturEnergie

Entwickelt wurden diese Aktivitäten in einem Workshop mit interessierten Bürger*innen zu Beginn des Jahres 2023. Auch für 2024 kamen bei einem Planungsworkshop erneut viele Ideen auf den Tisch, wie Jugendprojekte, Ausstellungen, Workshops zur Wasserproblematik oder zu Herausforderungen der Gesundheitsversorgung im ländlichen Raum.

Das Café NUMMER 5 gibt es bisher nur auf dem Papier - als Projektantrag. Es könnte zu einem regionalen Transformationscluster werden, wie in der Studie „Die Übergangenen" dargelegt. Zunächst ist an ein Besucher*innenzentrum gedacht, das niedrigschwellige Formen bietet, um sich mit dem Strukturwandel, der Geschichte und den Perspektiven des zivilgesellschaftlichen Engagements sowie der Zukunft der Garzweiler-Dörfer auseinander zu setzen. Es soll als Anlaufpunkt dienen, um eine kurze Pause bei einem Getränk einzulegen und sich über aktuelle Entwicklungen in den Dörfern zu informieren. Es soll Treffpunkt für die Bewohner*innengruppen sein und politisch-kultureller Veranstaltungsort. Darüber hinaus ist es ein Ort für Angebote einer Bildung für nachhaltige Entwicklung, die von einem breiten zivilgesellschaftlichen Bündnis durchgeführt werden. Dieses Bündnis besteht bisher aus Umwelt- und Sozialverbänden aus dem Rheinischen Revier und Nordrhein-Westfalen, Kirchen und Gewerkschaften.

Mit einer Entwicklungskonferenz vom Juni 2023 hat sich dieses Bündnis zu Zukunftschancen in der Region positioniert. Die fünf Dörfer haben neben den komplexen Umweltauswirkungen durch den Tagebau auch mit weitreichenden Umsiedlungsmaßnahmen zu kämpfen. Von den ursprünglichen Dorfgemeinschaften leben heute noch rund 10 Prozent der Einwohner*innen in den Dörfern. Viele Bewohner*innen sind in den vergangenen Jahren in neue Wohngebiete umgesiedelt. Auch wurden neue temporäre Bewohner*innen aufgenommen, so u.a. Kriegsflüchtlinge aus der Ukraine und Opfer der Flutkatastrophe an der Ahr von 2021. Nicht nur die ökonomische Infrastruktur wie Einkaufsmöglichkeiten oder der örtliche Bäcker sind weggefallen, sondern auch das soziale Gefüge, das über Generationen stabil war. Eine Dorfgemeinschaft wiederaufzubauen und attraktiv für hinzuziehende Menschen zu machen, ist somit ein großes Unterfangen und voraussetzungsvoll. Mit seinen Angeboten will das Café NUMMER 5 hier unterstützend wirken.

---

(12) Ausführliche Beschreibungen finden sich auf: https://demokratiewerkstatt-rheinisches-revier.de/aktuelles/nachrichten/

Die aktuellen Spannungen im Leben auf dem Land

Hubert Perschkes Bilder zeigen ländliche Impressionen: Menschen sitzen vor ihrem Bauernhof, Traktoren sind unterwegs, Spaziergänger führen Hunde aus, der Bäcker belädt seinen Lieferwagen, Hühner werden gefüttert und Besucher*innen treffen sich am Wegkreuz. Dörfliche Szenen sind dies, aber kein ländliches Idyll. Am Horizont liegt der immer näherkommende Tagebau, stehen Bagger und Ableger, dominieren der industrielle Kohleabbau und die Kraftwerke. Leerstehende Häuser sind zu sehen, aber nicht aufgrund des Dorfsterbens, sondern als Folge der Umsiedlung. Der Besitz des Bodens ist nicht mehr in der Hand von Bauern und Familien, sondern das meiste gehört RWE, einem internationalen Großkonzern. Viele weitere Spannungen lassen sich in Perschkes Bildern finden. Diese Spannungen gibt es so nur in Braunkohlerevieren. Sie sind etwas Besonderes. Daher sind die Dörfer auch ein guter Ort, um über die Zukunft des ländlichen Raums, über die Zukunft von Demokratie und Teilhabe auf dem Land nachzudenken und zu experimentieren.

Bei Bürger*innenbeteiligung denkt man schnell an klassische Formate, durchgeführt von einer großen Verwaltung und schicken Agenturen im städtischen Milieu. Bürger*innenbeteiligung gilt als etwas Urbanes. In der Literatur werden oft Stadtentwicklungsprozesse und Bürger*innenbeteiligung in einem Atemzug genannt. Dabei ist das tatsächlich eher untypisch. Das Land macht 90 Prozent der Fläche Deutschlands aus, hier leben über 50 Prozent der Bevölkerung. Es ist für die Gesellschaft genauso wichtig wie die Großstadt. Allerdings ist Demokratie im ländlichen Raum von Besonderheiten geprägt. Beteiligung funktioniert auf dem Land anders und sie ist gerade hier von besonders großen Umbrüchen betroffen. Der renommierte Dorfforscher Gerhard Henkel appellierte bereits 2018 an die Entscheider*innen in Politik und Gesellschaft: „Lasst das Dorf leben und seine bürgerschaftlichen Kräfte neu entfalten. Und gebt damit dem Staat seine demokratische Basis zurück".(13)

Noch besteht in ländlichen Gebieten häufig eine über lange Jahre gewachsene engere Gemeinschaft und ein starkes Zusammengehörigkeitsgefühl. Die Interessen und Anliegen der Bewohner*innen äußern sich meist nicht in Beteiligungsverfahren, sondern in Vereinstätigkeit oder Gemeinschaftsaktionen. Aufgrund der geringeren Bevölkerungsdichte kennt man sich und pflegt direktere Beziehungen zu lokalen Vertreter*innen und Entscheidungsträger*innen. Vorhandene tradierte Haltungen und Strukturen sorgen für einen Informationsfluss und entsprechende Entscheidungsmechanismen. Doch gerade dieses eingeübte Zusammenspiel gerät zunehmend in die Krise. Vereine finden keine Mitglieder mehr, junge Menschen wandern ab oder engagieren sich nicht mehr im eigenen Ort, Betriebe schließen, Höfe sterben und kleine kommunale Verwaltungseinheiten wurden zugunsten großer Gebietskörperschaften aufgelöst. Das Land ist bereits seit vielen Jahren der Ort einer gewaltigen Transformation, die an die Grundfesten der Struktur der Gesellschaft geht, verbunden mit Ängsten und Ohnmachtserfahrungen. Durch Digitalisierung und sozial-ökologische Transformation wird dieser Prozess weiter beschleunigt. Wer dies lange nicht glauben wollte, konnte es bei den Bauernprotesten in 2024 deutlich sehen.

Aber wie bei jedem Transformationsgeschehen gibt es auch die Potenziale. Von den dramatischen Veränderungen in der Vergangenheit hat das Land stark profitiert. Die allgemeine Versorgung und technische Infrastruktur mit Wasser-, Abwasser- und Energieversorgung ist auf einem guten Stand. Neue Bewohner*innengruppen sind aus den teuren Ballungszentren aufs Land gezogen. Digitale

---

(13) Gerhard Henkel (2019), Rettet das Dorf! Dörfer und Landgemeinden müssen gestärkt, statt weiter geschwächt werden, https://www.buergergesellschaft.de/fileadmin/pdf/gastbeitrag_henkel_190515.pdf, 6

Produktionsformen machen ländliche Standorte wieder attraktiv und flexible Arbeitskonzepte verändern die Mobilitätsbedingungen. Durchweg ist die Bevölkerung auf dem Land wohlhabender, liberaler und weltoffener geworden. Die meisten Bewohner*innen mögen ihr Dorf.

Von dieser Liebe erzählen die Bilder Hubert Perschkes. Das Plakat, mit dem er zur Ausstellung seiner Fotoarbeiten ins Nell-Breuning-Haus eingeladen hat, war eine Collage aus den Ortsschildern der geretteten Dörfer. Noch weiß niemand, ob ihre Namen Bestand haben werden. Der Weg von den geretteten Dörfern hin zu Zukunftsdörfern ist bei weitem kein Spaziergang und weiter offen. Ohne die Beteiligung der engagierten Bevölkerung aber wird er nicht gelingen. Und erfolgreich wird er nur durch eine unterstützende Kommunalpolitik und -verwaltung sein. Dabei geht es um sehr komplexe Prozesse von der Wiederansiedlung neuer Bewohner*innen und ihrer Integration ins Dorfleben, die Vermietung, den Verkauf die energetische Sanierung leerstehender Häuser bis hin zur Infrastrukturaufgaben u.v.m. Ob die Big Pictures der Raumplaner, also ihre schönen, weit in die Zukunft ausgreifenden Fotomontagen dabei hilfreich sein werden, möchte ich bezweifeln. Hubert Perschke jedenfalls präsentiert mit seinen Small Pictures das alltägliche Leben mit all seinen lebendigen Widersprüchen und seinem Suchen nach Zukunft. Hier lag der Ausgangspunkt für den Einsatz um die Rettung der Dörfer und liegt auch der Beginn für ihre Zukunft – dafür jedenfalls plädieren diese Überlegungen.

Zum Autor:
Dr. Manfred Körber, Leiter des Nell-Breuning-Hauses – einer Einrichtung der politischen Bildung. Partner der Landeszentrale für politische Bildung in Nordrhein-Westfalen und seit dem Ende des Steinkohlebergbaus im Aachener Revier in den 1990er Jahren in vielfältigen Prozessen der Bürger*innenbeteiligung aktiv.

Keyenberg, Kuckum, Berverath, Ober- und Unterwestrich
Hubert Perschke

Jeder der die Straßen in den Dörfern Keyenberg, Kuckum, Ober- und Unterwestrich sowie in Berverath abschreitet, kommt sich einigermaßen verloren vor. Die Scheiben an vielen Häusern sind verstaubt und Rollladen heruntergelassen, keine oder nur wenige Autos stehen auf der Straße - Zeichen verlassener Gebäude. Zwischendurch ein Haus, das allem Anschein nach bewohnt ist. Ursprünglich sollten die Dörfer dem Tagebau Garzweiler 2 weichen. Noch 2018, im Kohleausstiegsgesetz, wurde die „Notwendigkeit" der Zerstörung dieser Orte festgeschrieben. Aber nun ist der Tagebau so weit verkleinert, dass diese Dörfer bleiben. Im Jahr 2022 lebten hier von ehemals 1.566 Bewohnern noch 454. Die Bewohner haben viele Jahre der Ungewissheit erlebt und waren in ihrer Entscheidung, zu bleiben oder zu gehen, auf sich gestellt. Mit dem Umzug ihrer Nachbarn und der Freunde sind auch viele Traditionen umgesiedelt. Die Kirche von Keyenberg ist verschlossen, die Glocken entnommen. Die Kirchengemeinde ist gespalten zwischen den Gebliebenen und den Umgesiedelten. Wo die Menschen jetzt ihren sonntäglichen Gottesdienst feiern, ist dem Einzelnen überlassen. Auf der Straße trifft man kaum Leute. Daran haben sich die Hiergebliebenen gewöhnt und ihr Leben darauf eingestellt. Auch die Vereine sind fort und mit ihnen die Tradition des Maibaums, der Schützenfeste und vieles mehr. Mit der Entscheidung, dass die Dörfer nicht der Kohle geopfert werden und ihre Bewohner von der Umsiedlung verschont bleiben, leben auch alte Traditionen wieder auf. Die Kapelle in Berverath ist wieder geöffnet und liebevoll gestaltet. Die entweihte Kapelle in Kuckum ist heute ein Begegnungsort. Auch der Maibaum gehört zur Gemeinschaft. Neu ist, dass die vielen Ukrainer, die inzwischen in den leerstehenden Häusern leben, in die Dorfgemeinschaften einbezogen werden. In dem Fotoprojekt bin ich mit verbliebenen Menschen ins Gespräch kommen und habe sie gefragt, warum sie geblieben sind und was sie von der Zukunft erwarten. Aber auch mit Menschen, die ihr altes Dorf verlassen haben, kam ich ins Gespräch. Die Gespräche sind als Statements wiedergegeben.

39

Anlieger
frei
Holzweilerstr.
Holzweiler 4 km
Erkelenz 7 km
Kaulhausen 3 km

Sabine Caspers

Ich wohne heute, den 25.04.2023, auf den Tag genau 29 Jahre hier in Keyenberg. Das Haus haben wir in Eigenleistung gebaut.

1994 gab es den Tagebau Garzweiler I. Er war gefühlt sehr weit weg von uns und doch so nahe. Ich war felsenfest davon überzeugt, dass Keyenberg und damit die weiteren Dörfer stehen bleiben. Für mich gab es keine andere Option. Auch wenn Bekannte und Familie anderer Meinung waren.

Unser Ort wurde immer leerer und jeder, der hier geblieben ist hat seine eigene Geschichte und Erlebnisse dazu. Unsere Kirche wurde geschlossen, deshalb besuche ich die Gottesdienste in Venrath oder Holzweiler.

Vor knapp zwei Jahren, als von offizieller Seite die Dörfer noch abgebaggert werden sollten, habe ich eine Photovoltaikanlage auf meinem Dach installieren lassen.

Mein Leben habe ich mit den Fragen nach einer vitalstoffreichen Ernährung verbunden. Gemüse, Kräuter und Obst baue ich in meinem Garten an. Das Grundstück ist so groß, dass ich einen eigenen Hofladen betreiben möchte. Ein Teil wird als Waldgarten gestaltet, um Workshops anzubieten.

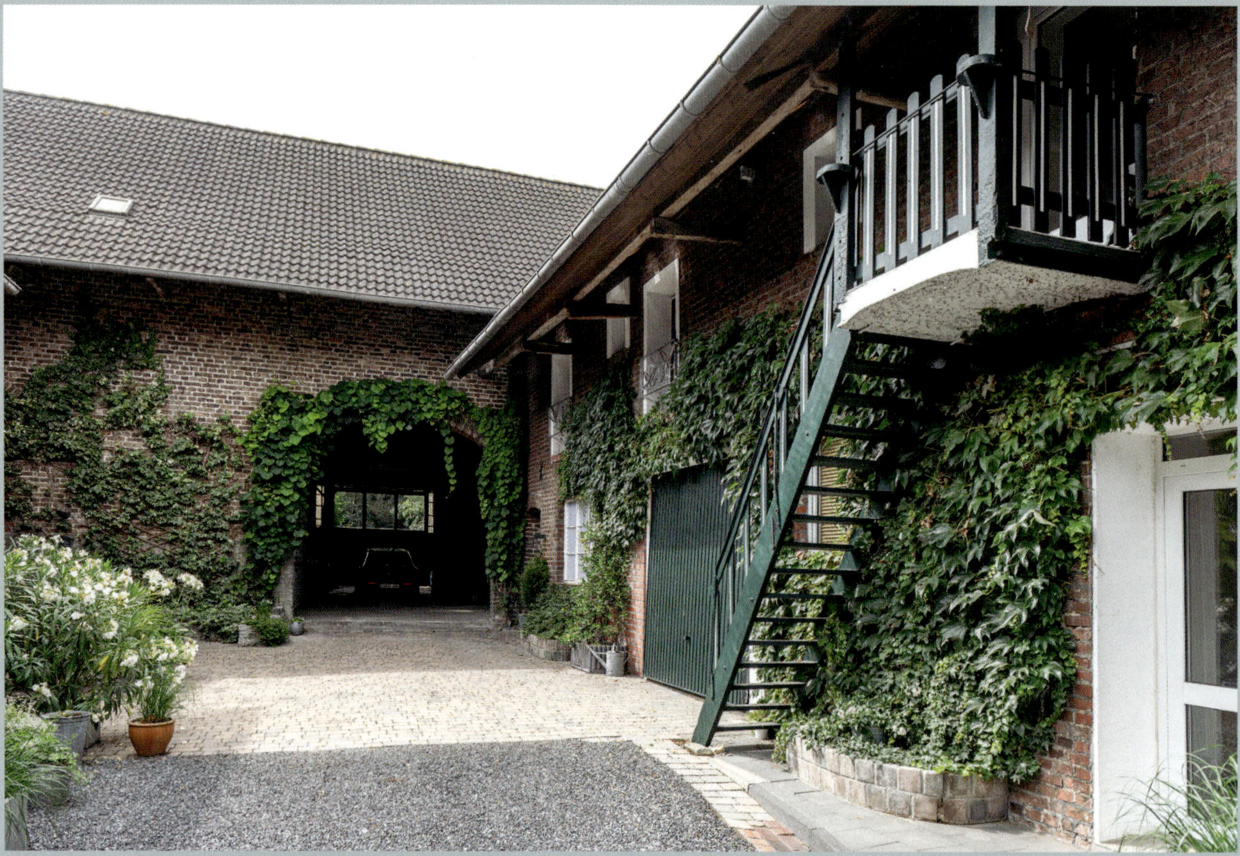

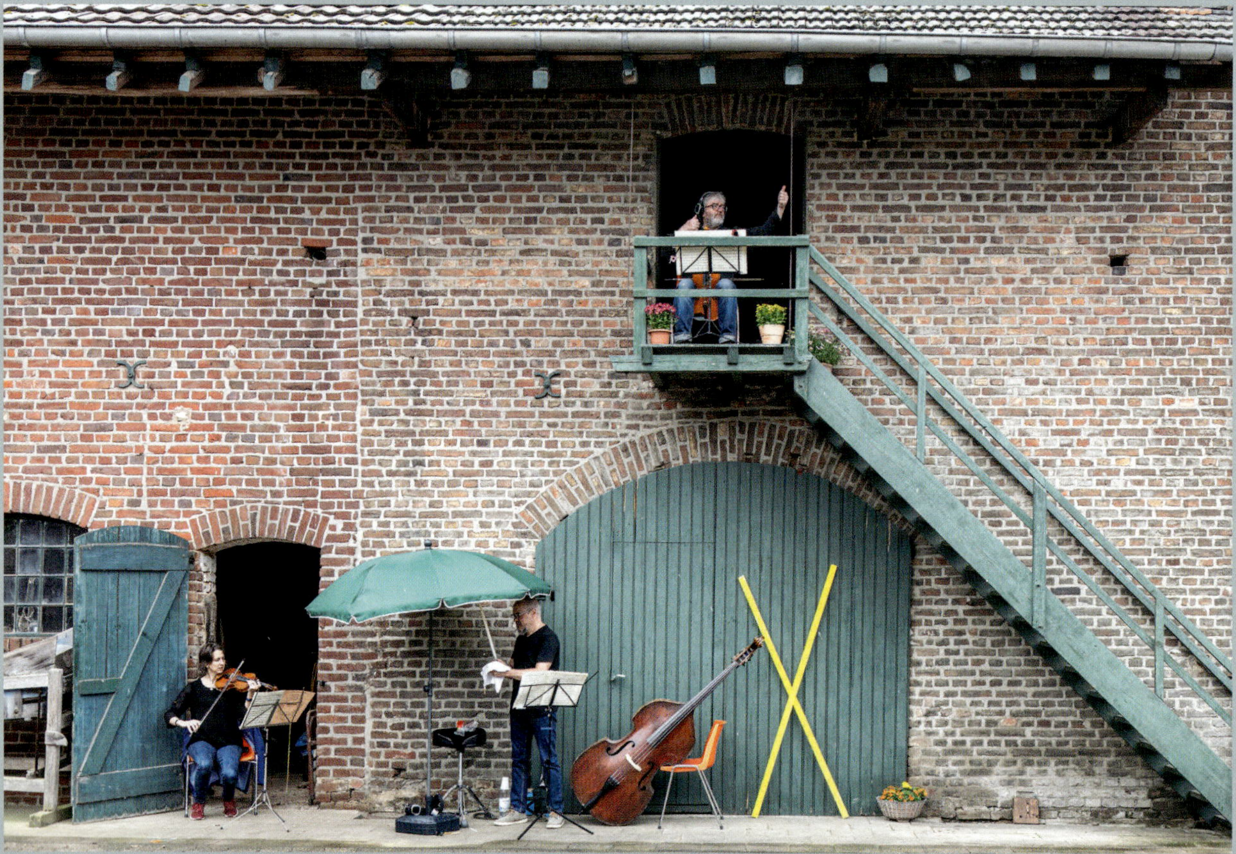

Dirk Koster und Beate Franken

Ich, Dirk Koster, wohne seit 1970 in Keyenberg. Den Vierkanthof habe ich damals mit meiner mittlerweile leider verstorbenen Frau erworben. Er befand sich in einem absolut sanierungsbedürftigen Zustand. Aber mit der Zeit und über die Jahre haben wir ihn kernsaniert und heute ist er ein „Schmuckstück". Nach außen hat er ein Stück „Berühmtheit" erworben. Unterschiedlichste Delegationen waren hier, um sich den Hof anzuschauen, so zum Beispiel eine Gruppe Architekturstudenten aus Detmold. Alle sprachen sich für den Erhalt des Hofes aus.

Aber Keyenberg sollte ja abgebaggert werden und wir sollten weg. In gewisser Weise hatten und haben wir uns auch darauf vorbereitet. In der Nähe meiner Kinder haben jetzt Frau Franken - meine Lebensgefährtin - und ich ein Grundstück erworben und der Neubau könnte umgehend beginnen. Alles ist bereit.

Wir sind noch hier, weil die Entschädigungsverhandlungen mit RWE für uns absolut nicht akzeptabel sind. Das erste Gutachten konnten wir bei bestem Willen nicht akzeptieren. Es folgte ein zweites, das 40% höher lag als das erste. Und das dritte legte nochmal 6% drauf. Die Verhandlungsseite von RWE machte mir Druck und drohte damit, wenn ich dem Angebot nicht zustimmen würde, den Hof zusammen mit der Polizei räumen zu lassen. Dass die Räumung des Hofes nur über den Klageweg möglich gewesen wäre, wurde von der RWE-Verhandlungsseite nicht mal erwähnt. So wurde rechtlicher Beistand nötig.

Wir sind auf die Angebote nicht eingegangen, weil diese immer hinter den Baukostensteigerungen hinterherhinkten. Nun wissen wir, wir können noch an RWE verkaufen. Wir müssen aber nicht. Der Hof ist mit Leben gefüllt und wir fühlen uns hier wohl. Aber ich bin über 80 Jahre alt und wir haben 600 m² Wohnfläche. Ein Neubau hätte maximal 120 m². Was wir wirklich tun werden, haben wir noch nicht entschieden. Jetzt warten wir die Leitentscheidung ab und sehen dann weiter.

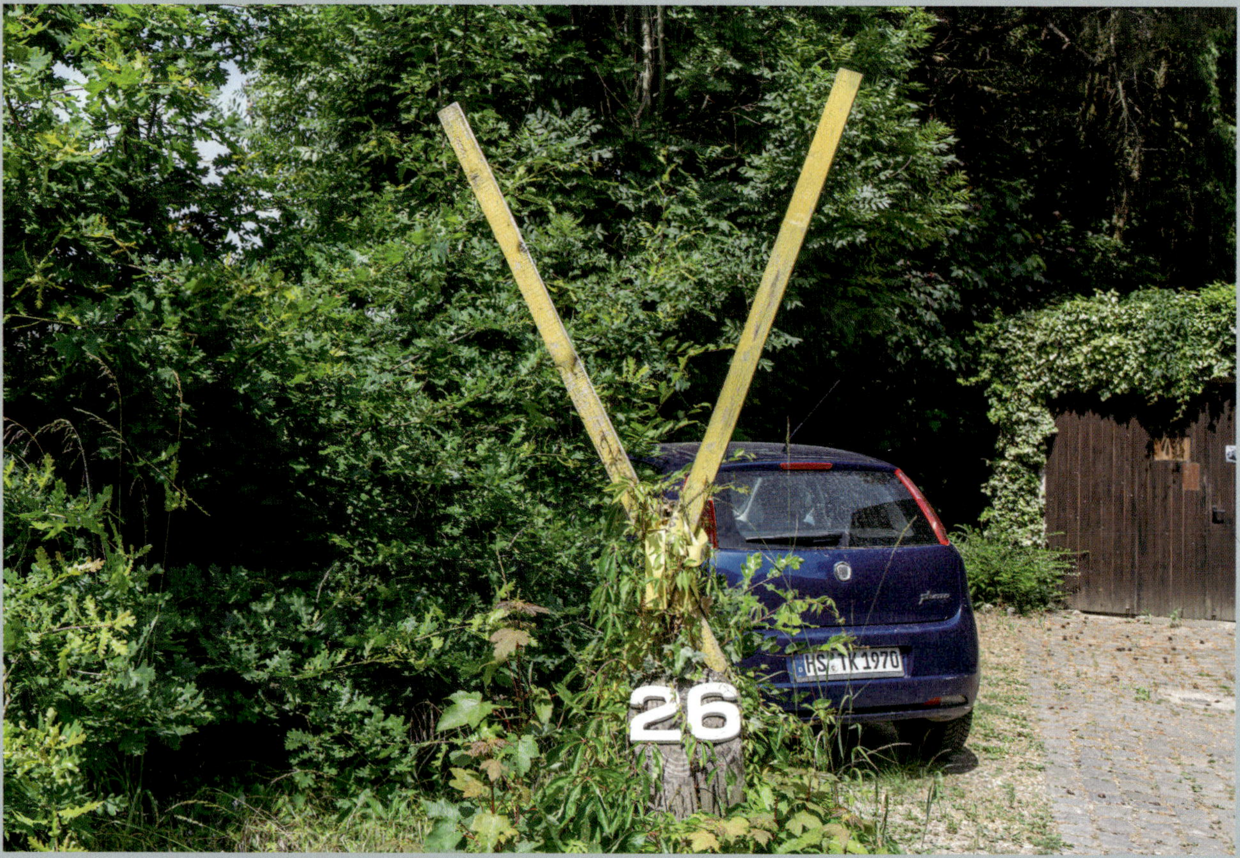
26
HS TK 1970

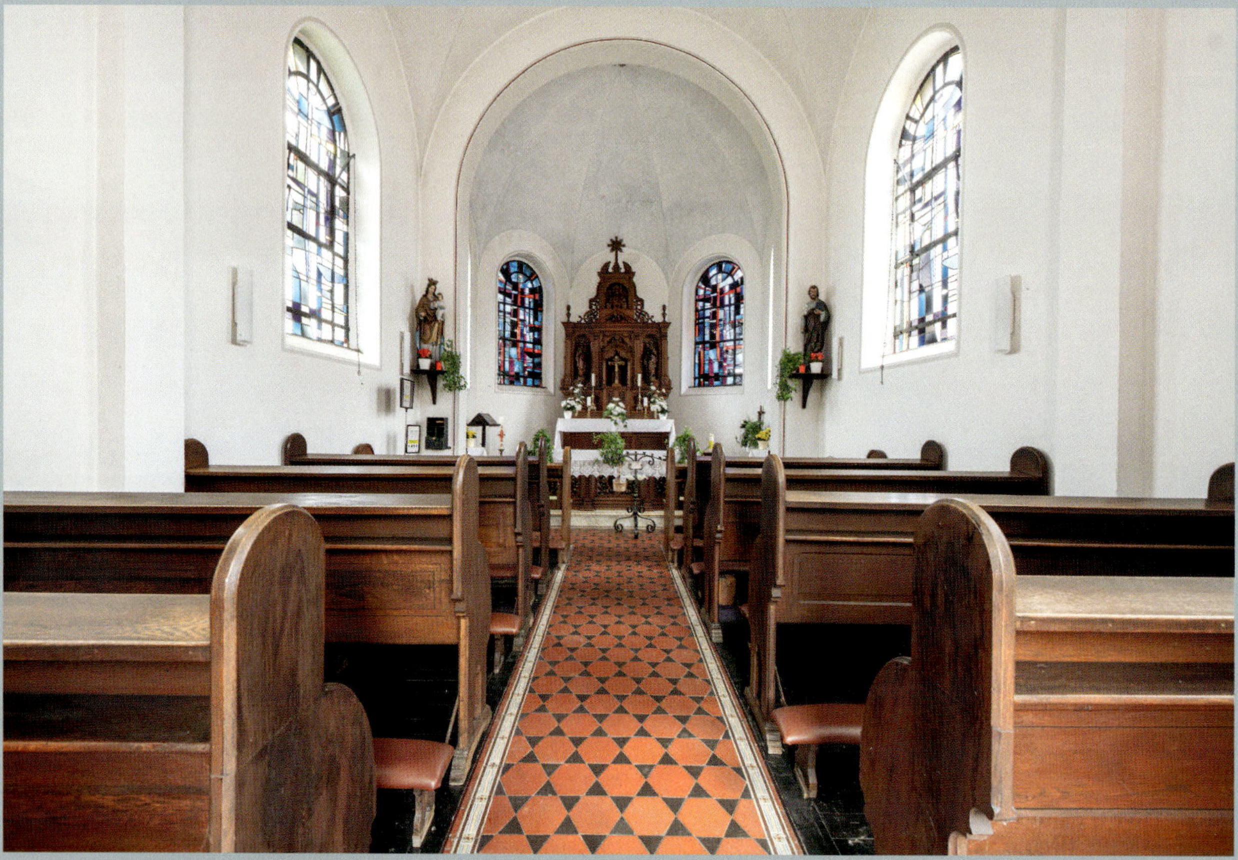

Britta Kox

Unser Haus steht auf einem Keller, der aus dem Jahr 1453 überliefert ist. Meine Großmutter sagte immer, so lange lebt unsere Familie hier. Im Zimmer unseres Sohnes verstarb meine Uroma und im Wohnzimmer lag sie aufgebahrt. Einst stand auf unserem und dem Nachbargrundstück ein Vierkanthof, der auf mehrere Geschwister aufgeteilt wurde.

Mein Vater war ein Kämpfer, der lieber tot aus dem Haus getragen werden wollte, als an RWE zu verkaufen. Meine Mutter war weniger konfliktbereit und hätte mit geringerem Widerstand verkauft. Vor einigen Jahren kam mein Vater zu mir, um mir das Haus zu übergeben, natürlich davon ausgehend, dass ich das Haus nicht an RWE verkaufen würde.

Bereits 1986 hatte mich mein Vater zu einer Fackelkette mitgenommen, um gegen die Ausweitung des Tagebau Garzweiler zu protestieren. Einen Teilerfolg erzielten wir zusammen mit der Bürgerinitiative „Stop Rheinbraun". Einige Dörfer blieben von der Zerstörung verschont. Später gehörte ich zu den Gründungsmitgliedern der Initiativen „Alle Dörfer bleiben" und „Menschenrecht vor Bergrecht", die sich für den Erhalt der Dörfer einsetzten, auch mit einem Sperrgrundstück am Ortseingang von Keyenberg.

Von 2006 bis 2017 sang ich in einem Gospel-Chor in Holzweiler und 2013 im Immerather Dom mit dem Duo „EigenArts", die mit ihren Liedern auf unsere Situation hinwiesen. 2018 wurde ich kommunalpolitisch aktiv und 2020 in den Stadtrat unserer Gemeinde Erkelenz gewählt. Selbst Gemeinderatsmitglieder, die aus einem Umsiedlungsdorf stammten, attackierten mich, warum ich mich für den Erhalt der Dörfer einsetzen würde. „Wie kann man in einem ausgestorbenen Dorf leben?", ist noch ein harmloses Argument. Berverath war immer ein kleiner Ort mit wenigen Einwohnern. Die Beziehungen sind häufig nach außen orientiert, einschließlich, dass die Arbeitsstelle außerhalb liegt. Eigene Feste fanden nur selten statt, sondern wurden meist zusammen in Keyenberg oder Kuckum gefeiert. Zu den Supermärkten fuhr man auch eher nach Erkelenz.

Jetzt ist klar, dass wir bleiben und an die Zukunft im und mit dem Dorf denken können. Ich wünsche mir, dass wir Altes, Tradiertes mit dem Neuen verbinden, dass wir Eingesessenen mit den hinzukommenden Menschen eine Einheit bilden und daraus neues Leben entsteht. Ein Kind wurde bereits in Keyenberg geboren, weitere erhoffe ich mir für all unsere Dörfer, auf dass hier neues Leben erwächst.

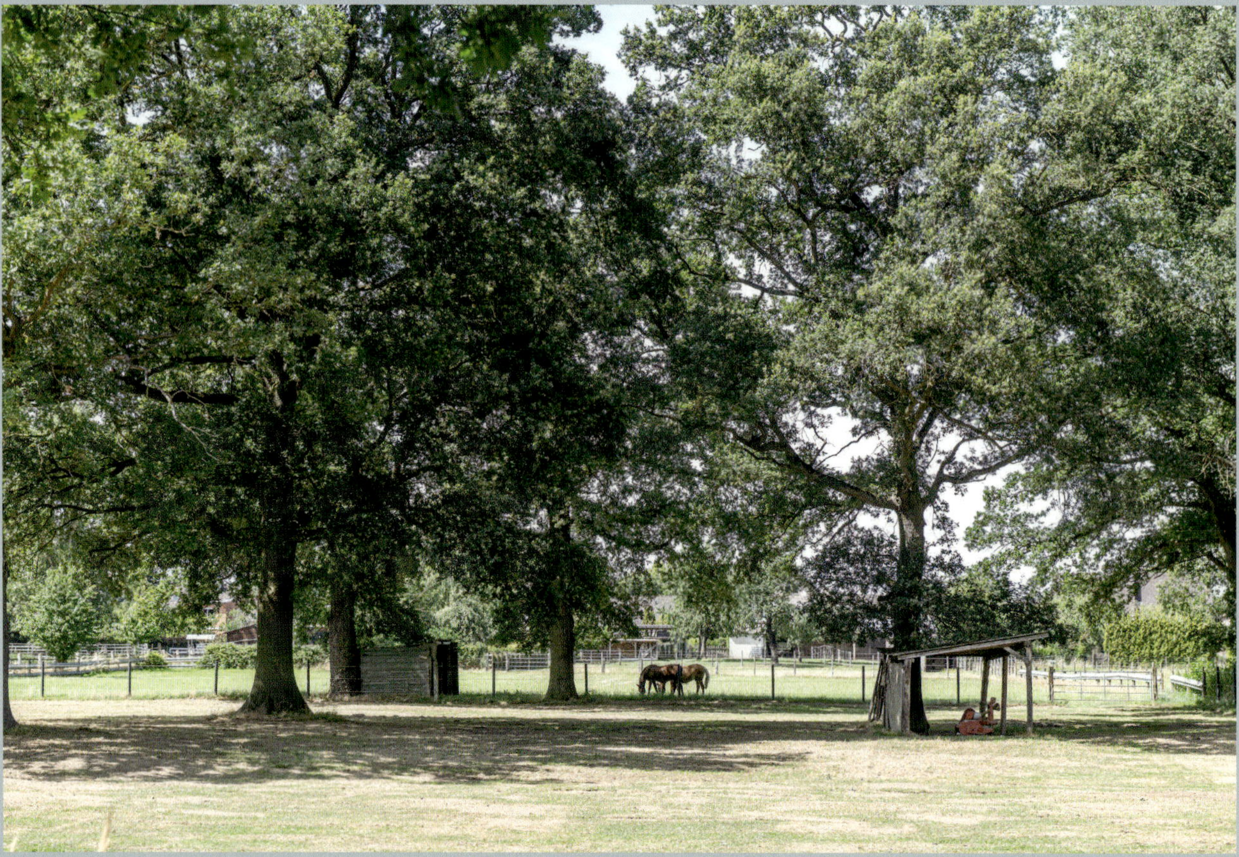

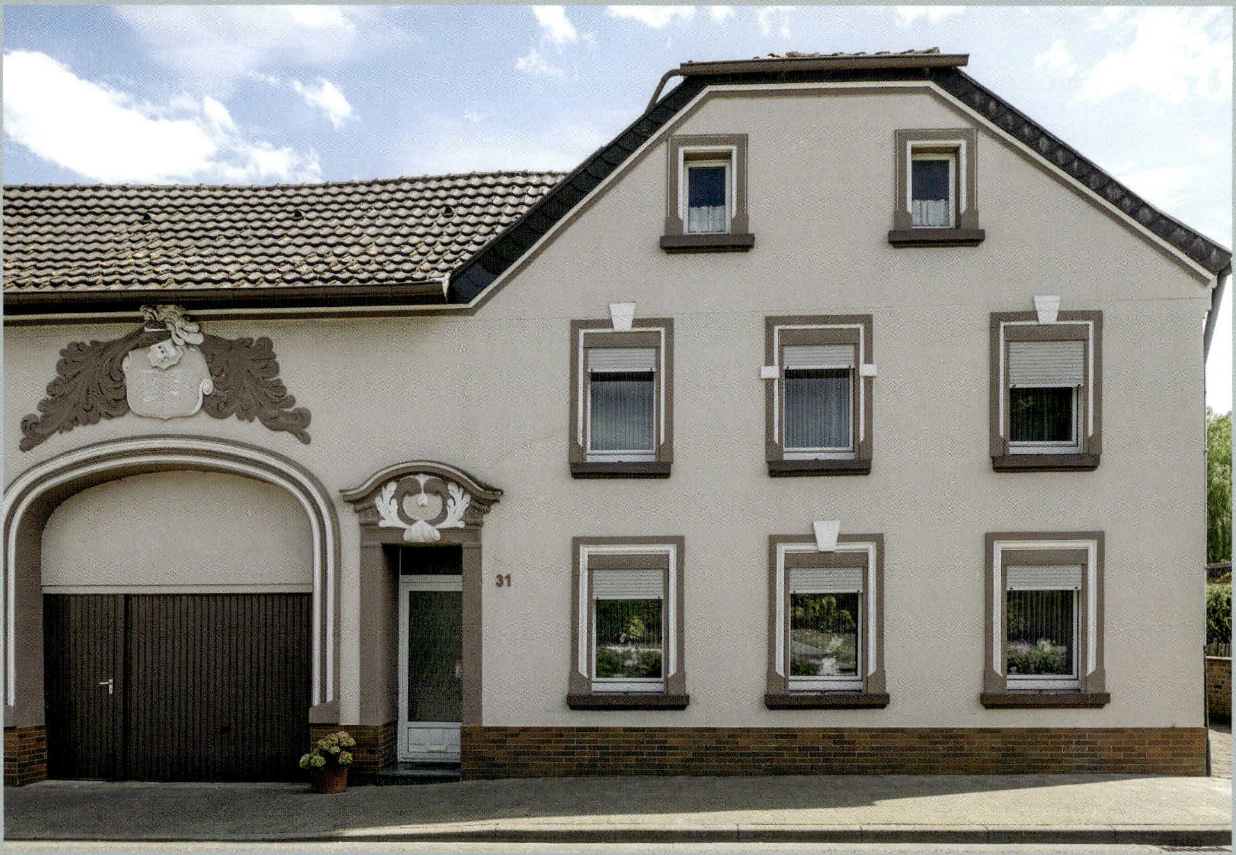
31

Marita Dresen

Hier bin ich geboren und aufgewachsen. Bereits meine Ururgroßeltern lebten an diesem Ort in diesem Haus. Hier erlebte ich eine unbeschwerte Kindheit mit vielen Freiheiten. Ich erinnere mich gern an die Zeit mit meinem Opa und meinem Vater. Wenn ich z. B. in den Stall gehe, werden diese Erinnerungen wach und lebendig.

An das Loch, den Braunkohletagebau, denke ich nur mit Schrecken. Meine Mutter wollte lieber sterben, als das Loch vor der Haustür zu haben. Mein Vater wollte gegen den Kohleabbau kämpfen.

Mit meiner Umsiedlung hätte sich mein Leben grundsätzlich geändert. Meine Pferde, Hühner und andere Tiere hätte ich aufgeben müssen. Für die Pferde gäbe es keine Weide und im neuen Ort wäre eine Hühnerhaltung in dem Umfang nicht erlaubt.

Das Klimacamp gab mir und meiner Familie eine neue Perspektive. Wir fühlten uns nicht mehr allein und hatten ein gemeinsames Ziel, gegen den weiteren Kohleabbau zu kämpfen. Wir zogen an einem Strang.

Von der Zukunft wünsche ich mir, dass die nachfolgenden Generationen hier in diesem Haus ein ebenso sinnvolles Leben führen können, so wie meine Großeltern, Eltern und ich.
Mein Wunsch für die bleibenden Dörfer ist, dass sie einen Modellcharakter bekommen, in dem die verbliebenen Bewohner und Bewohnerinnen über die Zukunft mitbestimmen. Das Ziel sollte sein, dörfliches Leben attraktiv zu gestalten, in dem z. B. junge Familien mit ihren Kindern die Chance erkennen, dass ihre Kinder eine größere Freiheit genießen als in einer Großstadt und sie ein stärker selbstbestimmtes Leben in der Gemeinschaft führen können.

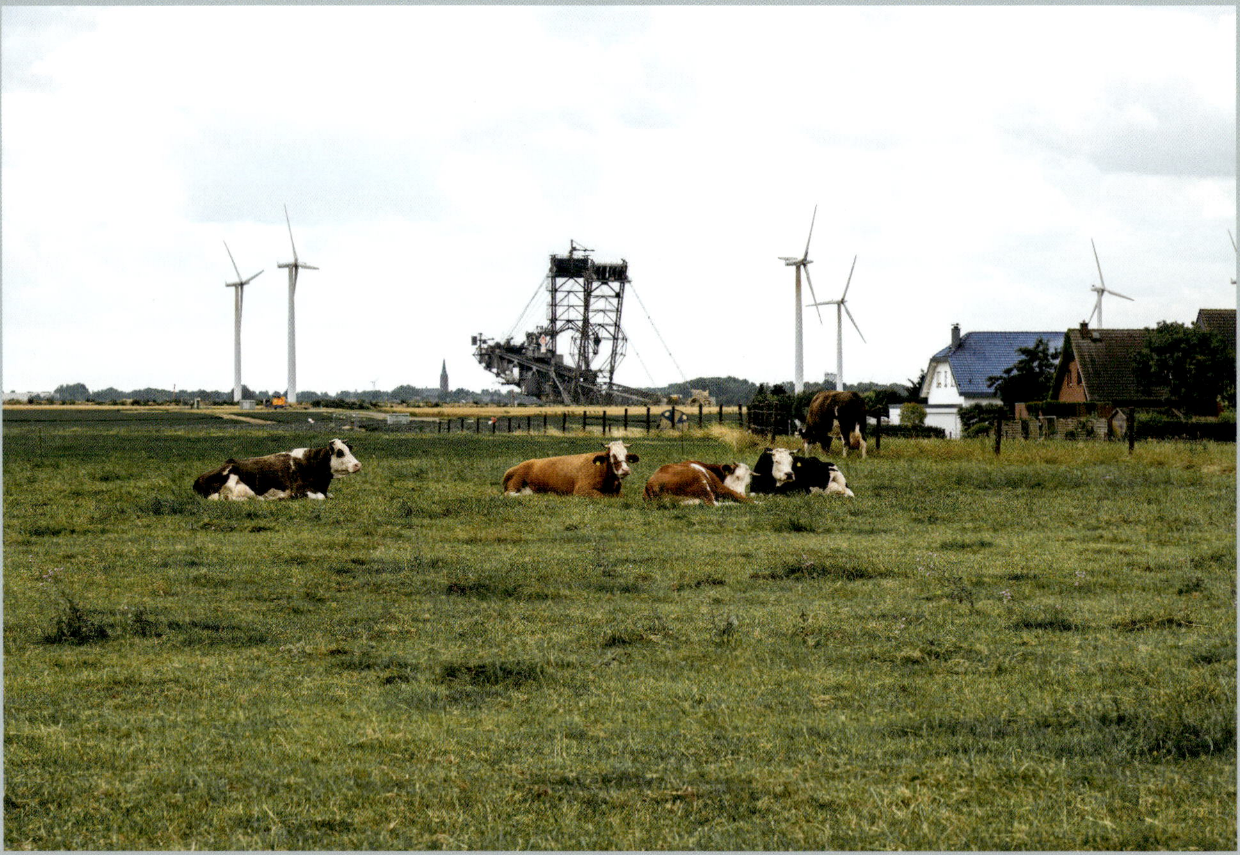

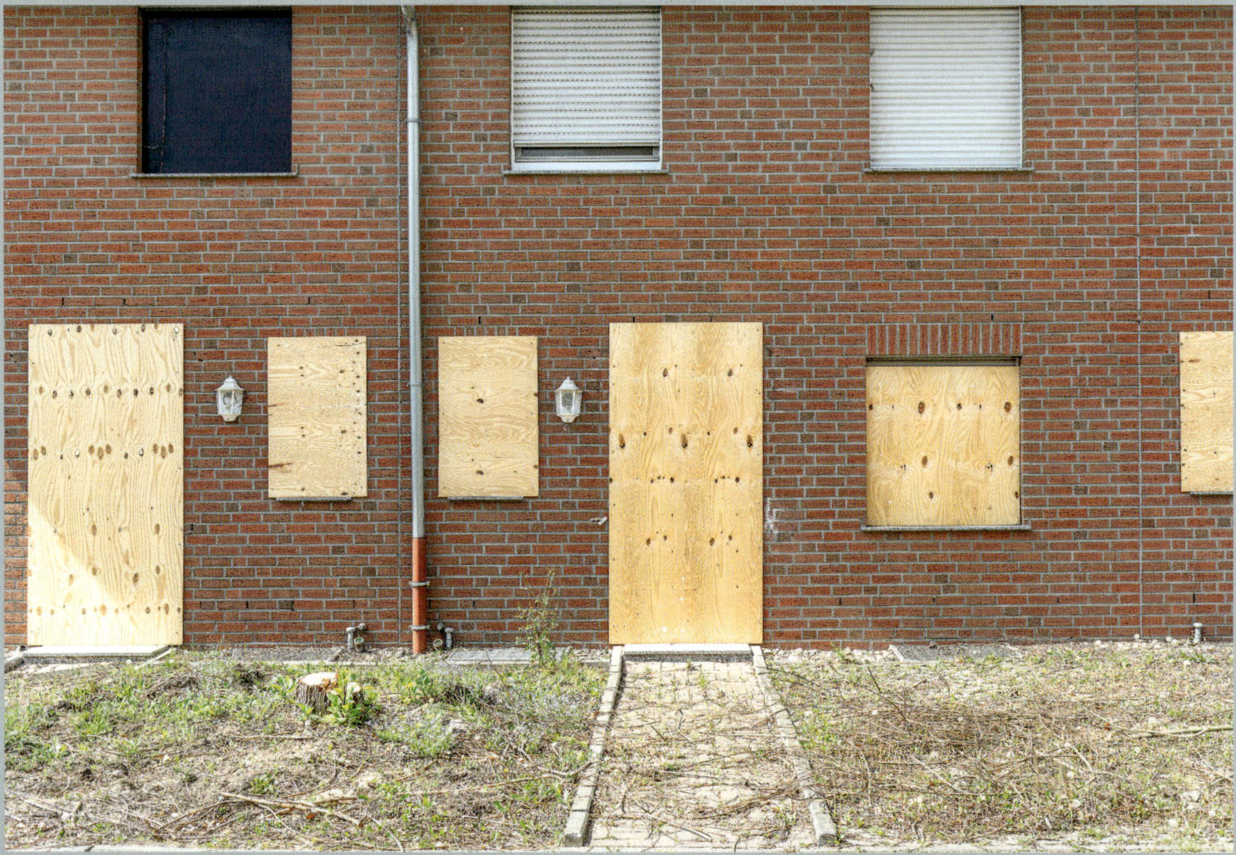

Petra Bläser

Ich bin Betreuungskraft und Alltagsbegleitung für Menschen mit Demenz, geistiger Behinderung und psychischen Erkrankungen.

Über diese Tätigkeit lernte ich Menschen kennen, die aus Umsiedlungsorten stammten und von dort bereits umgesiedelt waren. Meine Erfahrung ist, dass sie massiv unter dem Verlust ihrer Heimat litten. Ein Mann, den ich betreute und der an Parkinson litt, hatte von RWE eine Luftaufnahme seines Vierkanthofs geschenkt bekommen. Aber diese Aufnahme erfreute ihn nicht und immer, wenn er sie sah, weinte er. In Gedanken war er immer noch in seinem Dorf und erzählte von seinem erfüllten Leben auf dem Hof, seinen Verwandten, Nachbarn und Freunden. Ein späterer Besuch des leerstehenden und gegen Einbruch verbarrikadierten Hofes war ein Schock für ihn, er musste sofort wieder gehen. Die Realität widersprach seiner geliebten Erinnerung. In der Konsequenz verstärkte dieser Besuch seine Trauer. Seine Ärzte hatten bereits geäußert, dass die Parkinson-Erkrankung wahrscheinlich durch den emotionalen Verlust und Stress, den die Umsiedlung mit sich brachte, ausgelöst wurde.

Eine weitere Person, die ich betreute, war an Demenz erkrankt und stammte ebenfalls aus einem abgebaggerten Ort. Die Demenz war fortgeschritten und ständig schrie der Mann: „Bring misch na Huss". Laut seiner Ehefrau begann die Demenz mit dem feststehenden Termin der Umsiedlung und dem Auszug aus dem eigenen Haus. In der Neubausiedlung konnte er nicht lange von seiner Frau betreut werden, da er sich dort nicht auskannte, alles fremd war und er keinerlei Orientierungspunkte hatte. Auch in diesem Fall wurde die Wahrscheinlichkeit der emotionalen Belastung durch die Umsiedlung als Grund für seine Erkrankung und den schnell voranschreitenden Verfall geäußert.

Mich haben diese Erfahrungen dazu gebracht, mich für den Erhalt der Dörfer einzusetzen. Orientierung für mein Engagement bekam ich durch Britta Kox und auch Michael Zobel, beim ersten Dorfspaziergang in den mittlerweile geretteten Dörfern. Britta Kox lebt in Berverath und setzte sich für den Erhalt der Dörfer ein. Michael Zobel organisierte Dorfspaziergänge und lud dazu Menschen auch aus der weiteren Umgebung ein.

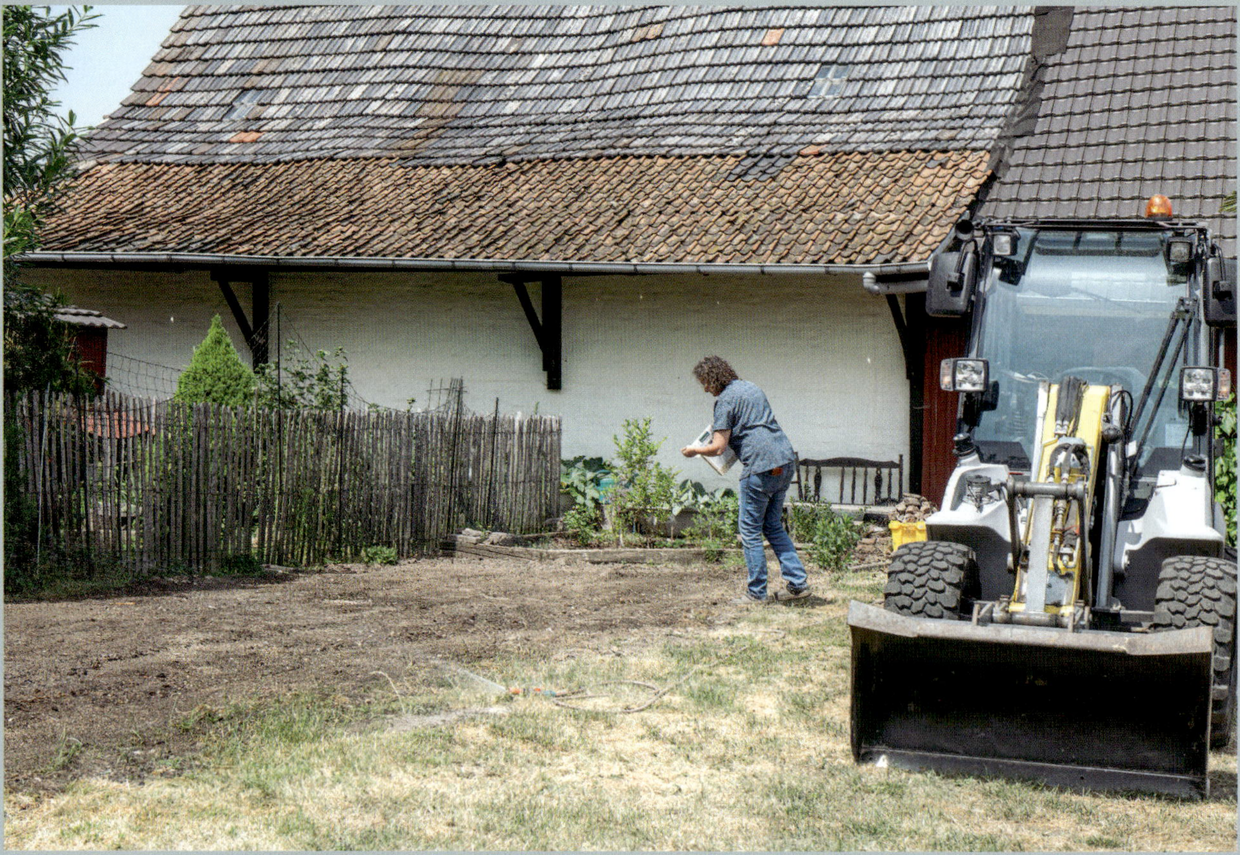

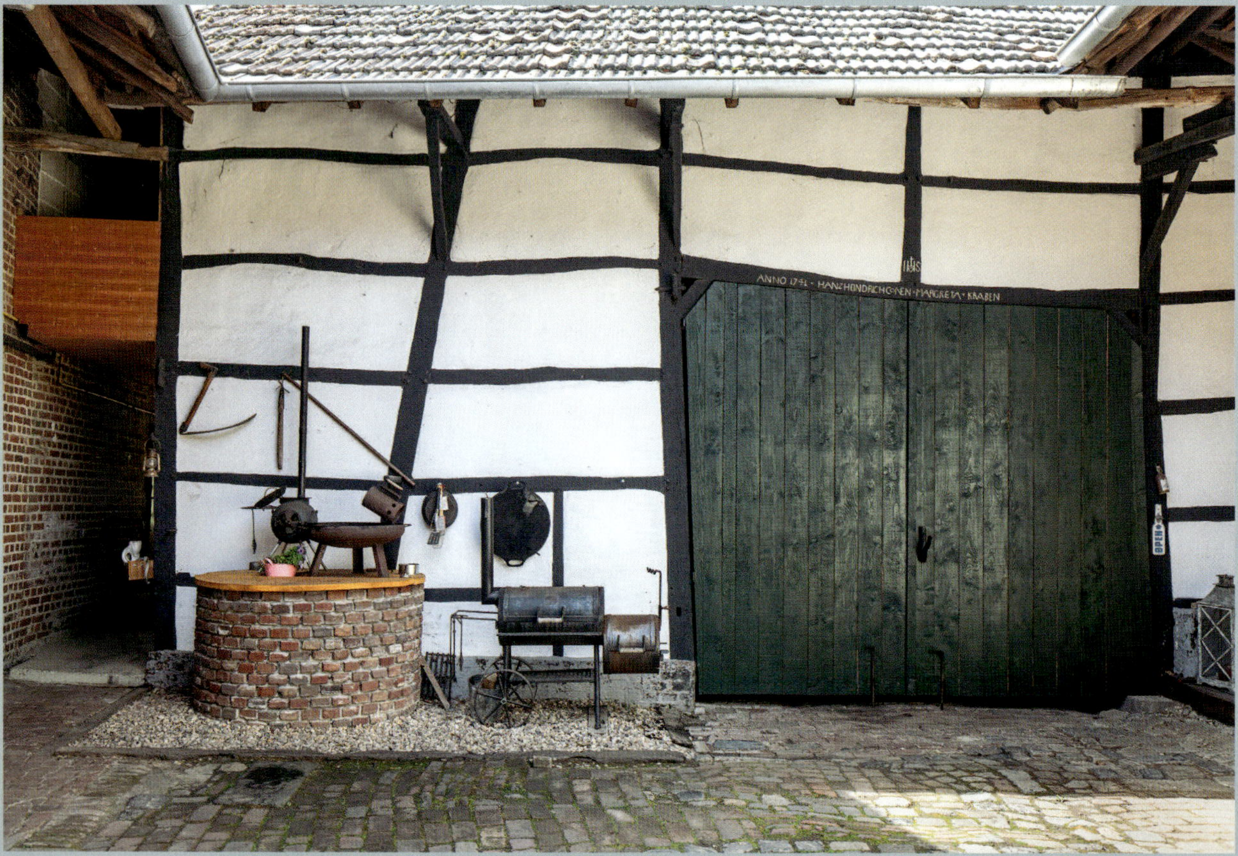

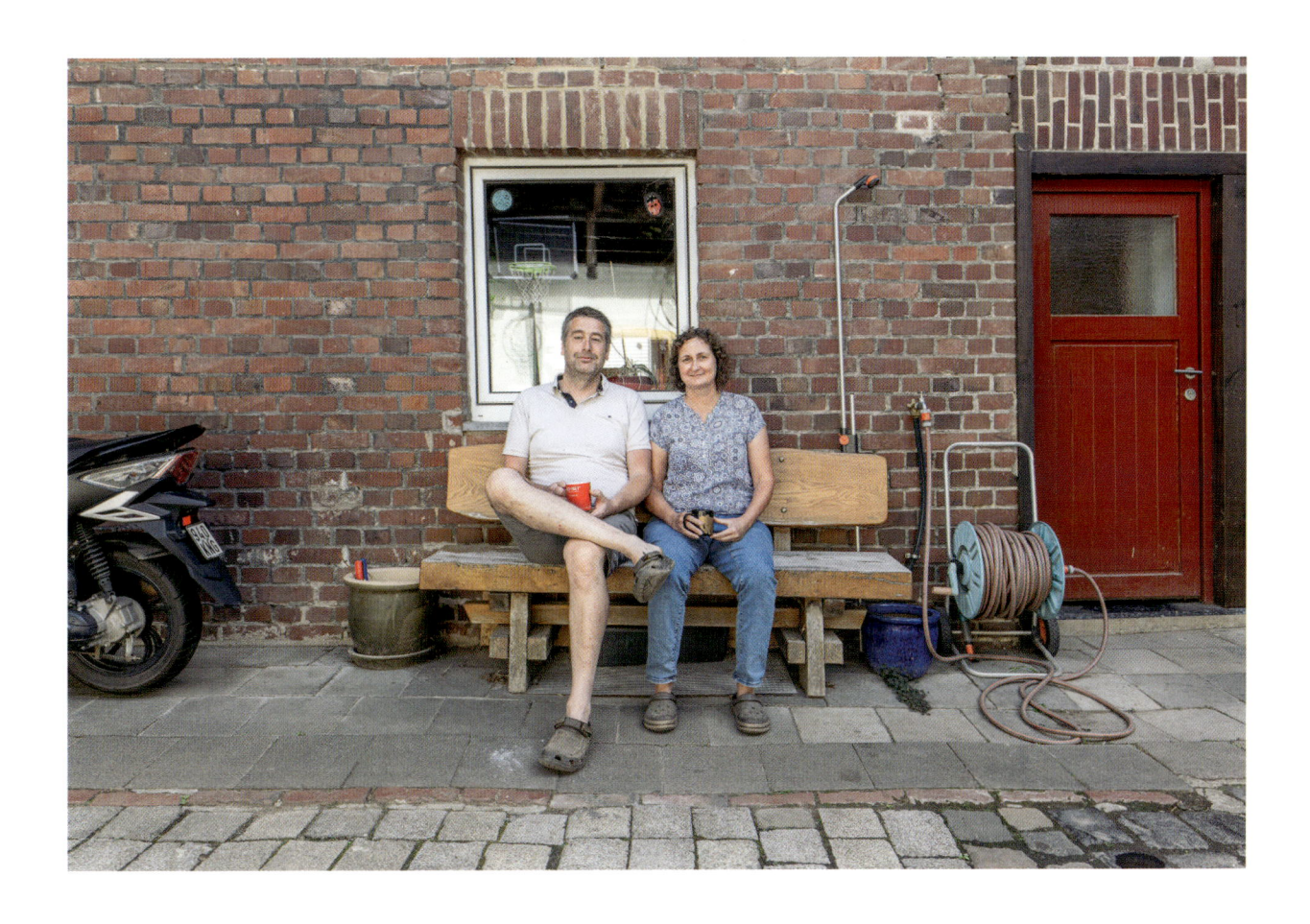

Andrea und Daniel Steffens

Vor gut 10 Jahren suchten wir nach einem Haus und fanden diesen kleinen Hof im Internet, auch zu einem vernünftigen Preis. Wir haben uns in das Anwesen direkt „verliebt". Uns war zu dem damaligen Zeitpunkt bewusst, dass Berverath aller Voraussicht nach abgebaggert werden würde. Aber erst 2027 hätten wir fortgemusst und dann wären unsere Kinder erwachsen und unsere Familiensituation wieder offen. So sind wir 2011 hier eingezogen und haben diesen Schritt nie bereut.

Im Dorf wurden wir von den hier lebenden Menschen gut aufgenommen und haben uns an Aktivitäten wie dem Schmücken des Weihnachtsbaumes und dem Aufstellen des Maibaumes beteiligt. Wir sind froh, hier zu sein. Wir fühlen uns wohl und genießen die Freiheit der Umgebung und unsere Gestaltungsmöglichkeiten.

Hätten wir umsiedeln müssen, wären wir aber nicht mit an den neuen Standort gegangen. Wir hätten uns wieder neu orientiert. So sind wir zufrieden, dass Berverath stehen bleibt.
Mit dem Stempel, dass Berverath abgebaggert wird, wurde von Seiten der Stadt wenig Geld in den Erhalt der Straßen und der Infrastruktur gesteckt und auch die Telekom hat ihr Leitungsnetz vernachlässigt. Es wäre wünschenswert, wenn man hier in absehbarer Zukunft an uns denkt.

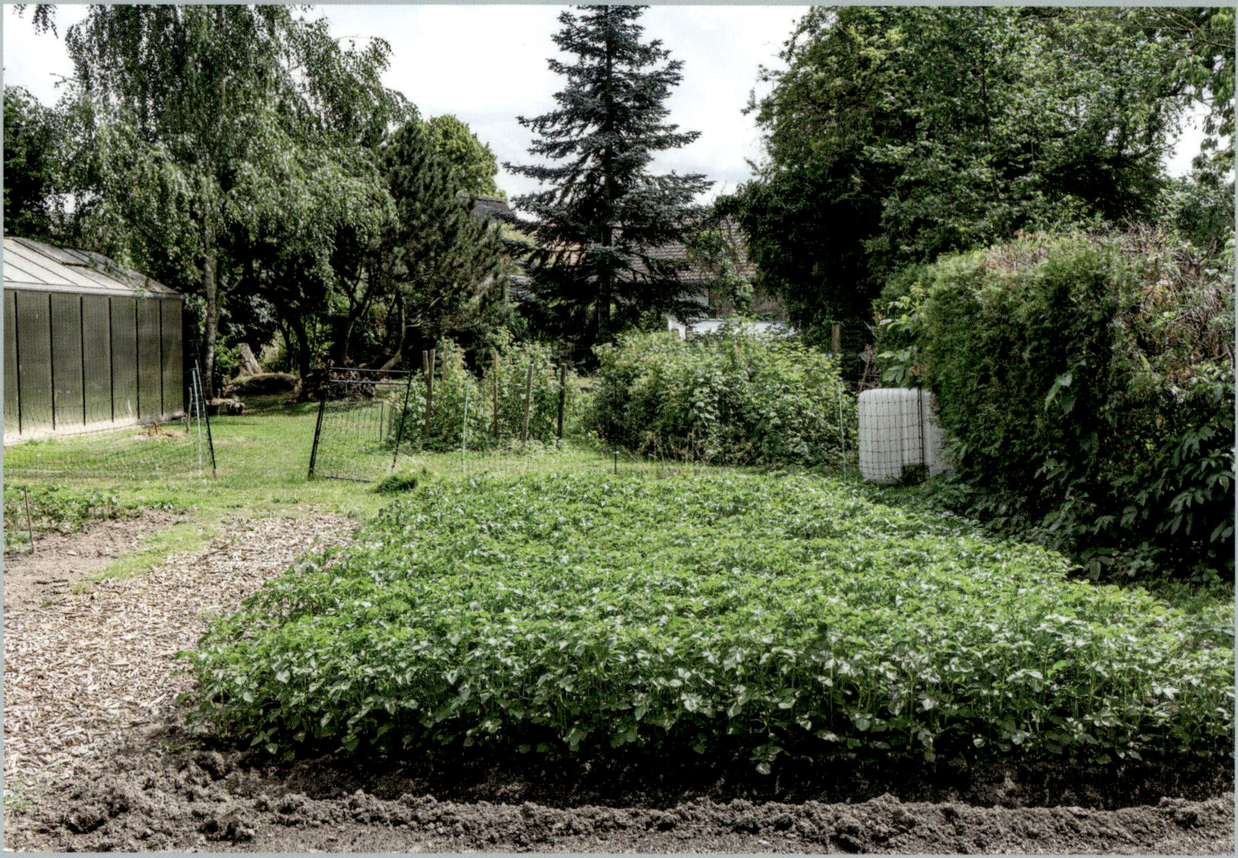

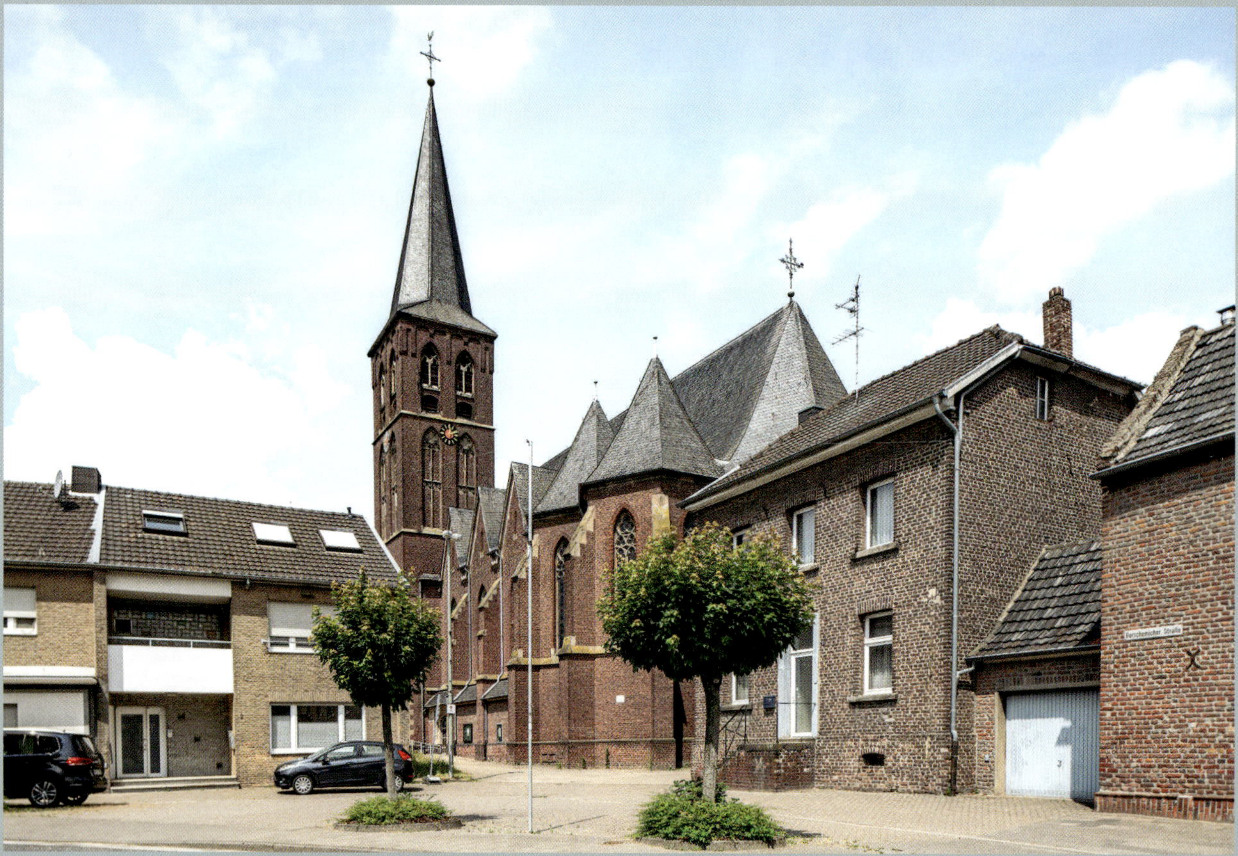

Barbara Oberherr

Keyenberg ist ein grüner Ort, egal aus welcher Himmelsrichtung ich komme.

Ich wohne gern hier, denn ich genieße die Ruhe, die Natur, die vielen Tiere, das gibt mir Kraft.

Das Dorf wird sich im Laufe der Jahre verändern, weil marode, leerstehende Häuser abgerissen werden.

Für mich ist es wichtig, dass die Atmosphäre des Ortes nicht durch Vandalismus gestört wird.
Im Mai 2021 haben wir eine Gemeinschaft aller fünf Orte gebildet, aus welcher im Juni 2022 der Verein Dörfergemeinschaft Zukunftsdörfer entstand.

Die Bewohner von Keyenberg sind zukunftsorientiert, denn Keyenberg ist seit August 2021 energieautark.

Über den Kontakt zu politischen und kirchlichen Gemeinden, denen wir unsere Interessen vortragen, möchten wir aus unseren Dörfern energetische Vorzeigedörfer machen. Dörfer, die sich selbstständig mit Strom und Wärme versorgen.

Bäckerei
Wolfgang Laumanns
Tel.: 0 21 64 / 43 18
HS WL 22

Bäckerei Laumanns

Bäckerei Laumanns

Die Bäckerei ist ein Familienbetrieb und seit mehreren Generationen in Keyenberg ansässig. Hier arbeiten der Bäckermeister Laumanns sowie seine Schwester, sein Neffe und dessen Ehefrau als Aushilfe.

Die Bäckerei steht exemplarisch für das ortsabhängige Handwerk und den Einzelhandel in Umsiedlungsdörfern. Die Menschen ziehen stetig fort und damit auch die Kundschaft, die sich kontinuierlich reduziert und infolgedessen der Umsatz sinkt.

Im Gegensatz zu Laumanns mussten andere Selbständige oder Unternehmer die Entscheidung treffen, ihr Geschäft zu schließen. Die Einnahmen deckten nicht mehr die Kosten. Das Geschäft an anderer Stelle neu zu eröffnen heißt, sich in die Konkurrenz mit dem dortigen Einzelhandel zu begeben. Hinzu kommt, dass die Entschädigungssumme in der Regel nicht ausreicht, an neuer Stelle schuldenfrei anzufangen.

Der Vorteil der Bäckerei Laumanns war, dass sie bereits vor den Umsiedlungen der Menschen Backwaren mit dem Auto in die umliegenden Dörfer brachte. Das gehört auch weiterhin zum Geschäft. Heute sind die umgesiedelten Orte hinzugekommen. Insgesamt werden 14 Dörfer angefahren. Auch die verbliebenen Menschen in den hiesigen Umsiedlungsdörfern sind treue Kunden geblieben.

Familie Laumanns hat entschieden, erst einmal zu bleiben. Aber diese Entscheidung ist nicht letztendlich und kann in zwei oder drei Jahren verändert werden. Der Bäckermeister ist bereits 60 Jahre alt. Wie es in einigen Jahren um die Familie und die Bäckerei steht, ist ungewiss.

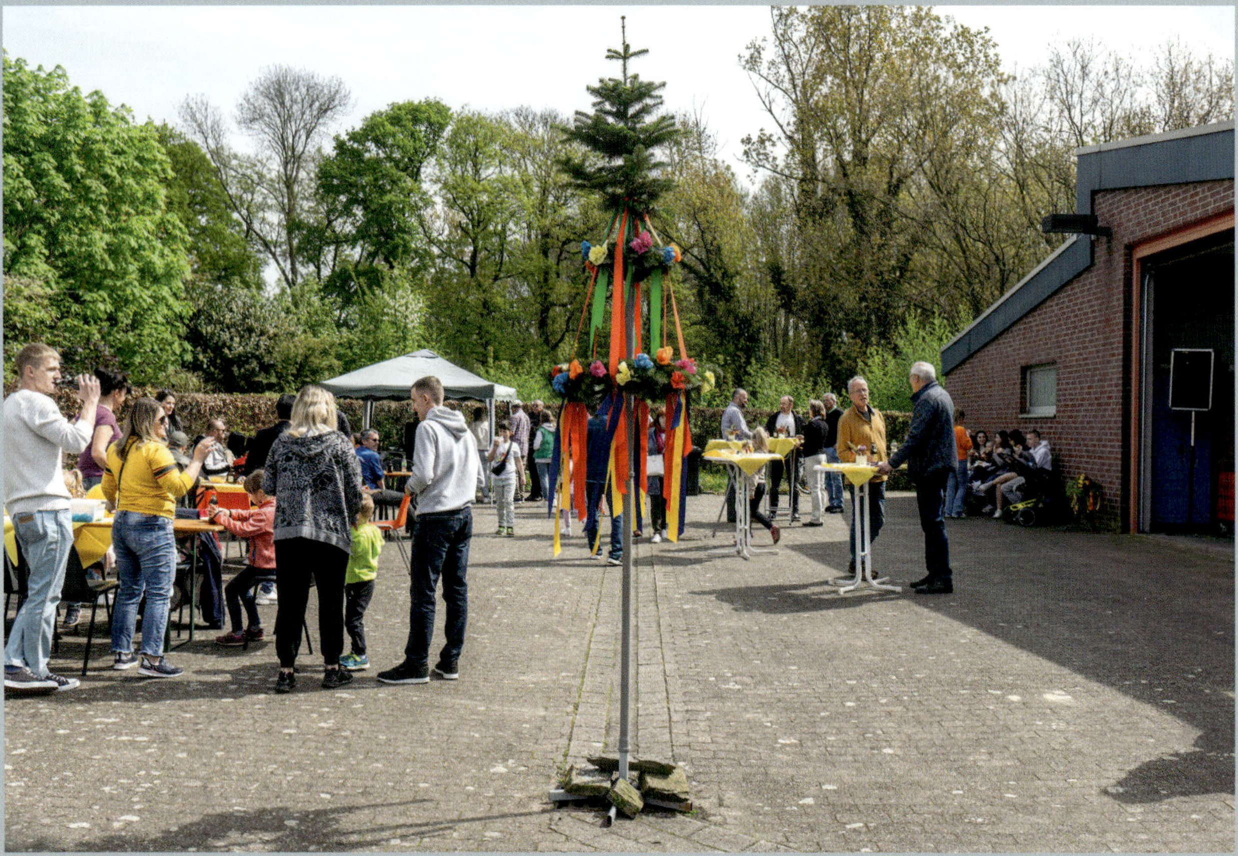

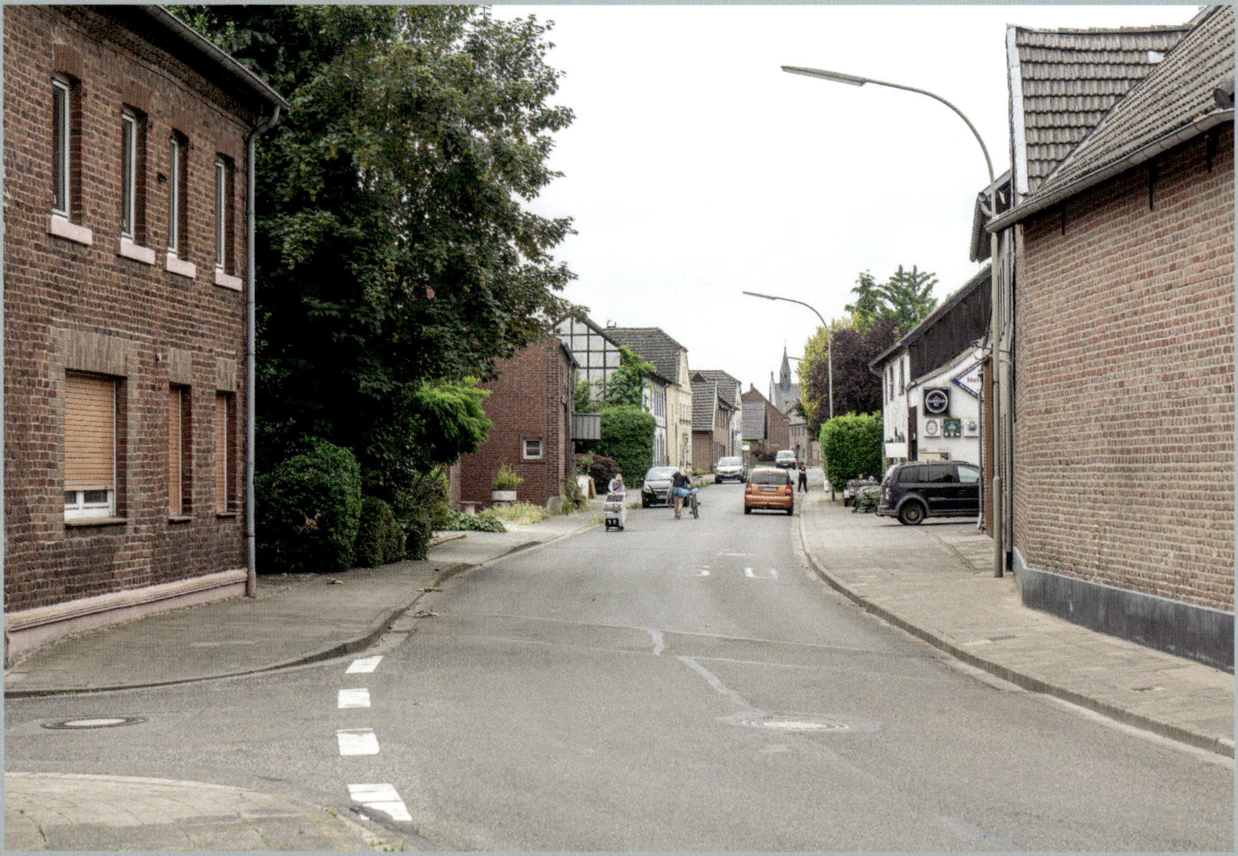

Miriam Pawlak und Daniel Zander

Wir kommen aus Eschweiler und sind Opfer der Flutkatastrophe. Das Wasser stieg vom Keller aus immer höher und flutete unser Haus. Außerhalb unseres Hauses versuchten einige Menschen noch, ihre Autos in Sicherheit zu bringen, konnten dann aber nur noch schwimmend durch ein Fenster in ihre Wohnungen gelangen.

Wir flüchteten in die erste Etage und hatten Sorge, auch hier nicht sicher zu sein. Daniel bereitete einen Raum für uns im zweiten Stock vor, soweit das Wasser noch weiter ansteigen sollte. Mit Trinkwasser wurden wir von außen durch zivile Personen mit Booten versorgt. Aber für die Rettung hatte vor allem das nahe Krankenhaus höhere Priorität. So haben wir 20 Stunden ausgeharrt, bis wir bei sinkendem Wasserstand endlich aus dem Haus konnten. Wir waren nun obdachlos, ohne Auto, ohne Möbel usw. Aber wir waren froh, dass wir und unsere Hunde noch lebten.

Nach einer kurzen Zeit in einer notdürftigen Bleibe bei Bekannten besonnen wir uns auf das Angebot von RWE, Flutopfern zu helfen. Diese Hilfe erfolgte unproblematisch. Wir gaben unsere Personenzahl sowie die beiden Hunde an und innerhalb einer Woche, im September 2021, wurde uns das Haus angeboten. Es war unmöbliert. Aber durch die Dorfgemeinschaft, Nachbarn und Spenden von außerhalb konnten wir uns schnell wieder einrichten. RWE steuerte Elektrogeräte dazu. Auch heute sind die Mitarbeiter von RWE noch sehr zuvorkommend. Das erste Vierteljahr lebten wir kostenfrei, dann zahlten wir eine Nutzungsentschädigung und jetzt Miete. Doch die Verträge sind immer befristet. Der umgesiedelte Vorbesitzer hat, obwohl er nie mehr zurückkommen wollte, uns in „seinem Haus" besucht. Hätte er gewusst, dass wir hier einziehen, hätte er all seine Möbel, die zum Sperrmüll gingen, im Haus gelassen. Inzwischen entspricht unser Hausstand wieder dem, den wir früher hatten.

In der Nachbarschaft sind wir gut aufgehoben, haben viele Kontakte und wurden nie als Fremde betrachtet. Beide haben wir eine Anstellung gefunden und würden gerne hier bleiben. Aber wir leben in Unsicherheit. Die Zukunft der Dörfer ist ungeklärt und somit auch unsere. Eine andere Wohnung oder ein anderes Haus zu finden ist mit zwei Hunden sehr schwierig.

Auch sind die dramatischen Ereignisse aus Eschweiler nicht vergessen. Die klare Struktur, die wir unserem Leben gegeben haben, hilft uns. Aber sobald es stark regnet, fangen die Hunde an zu zittern und Miriam steht nachts auf um zu schauen, ob der Keller vollläuft.

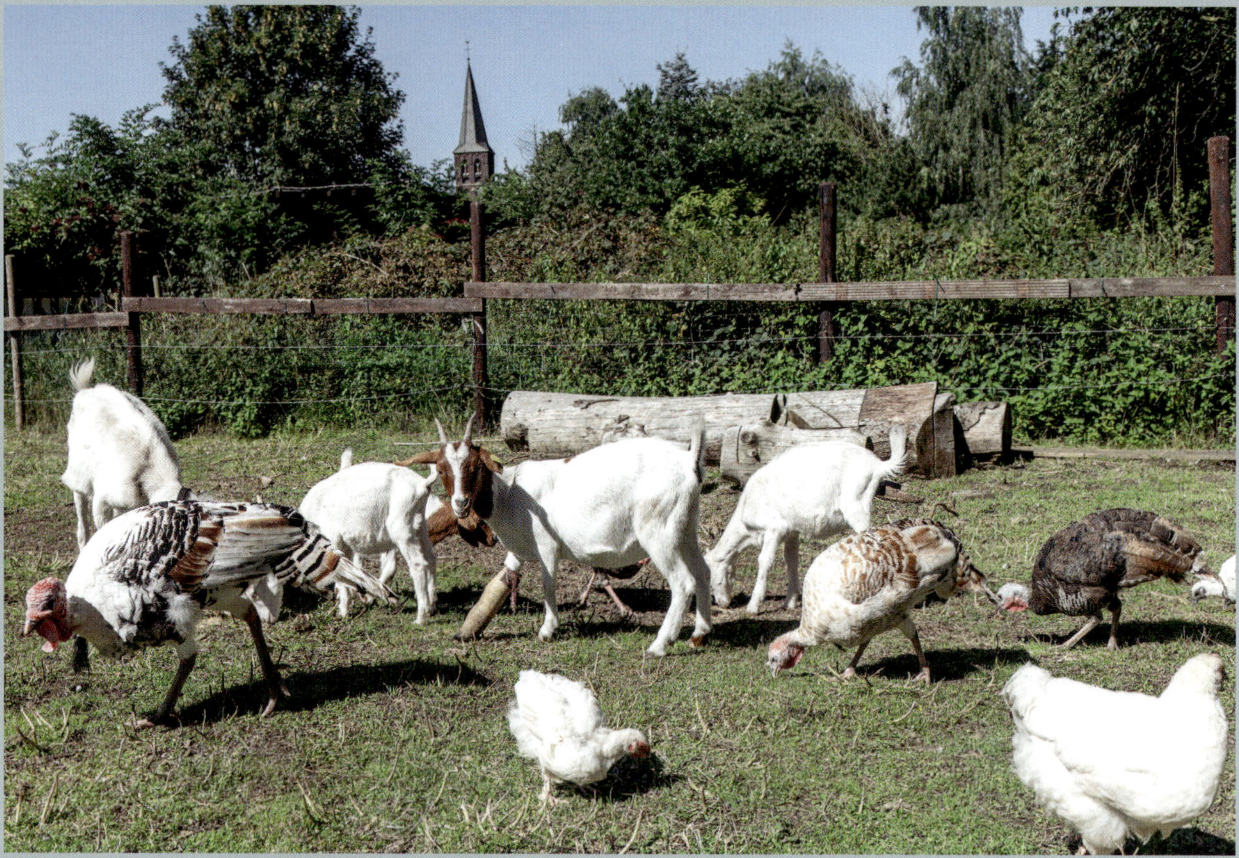

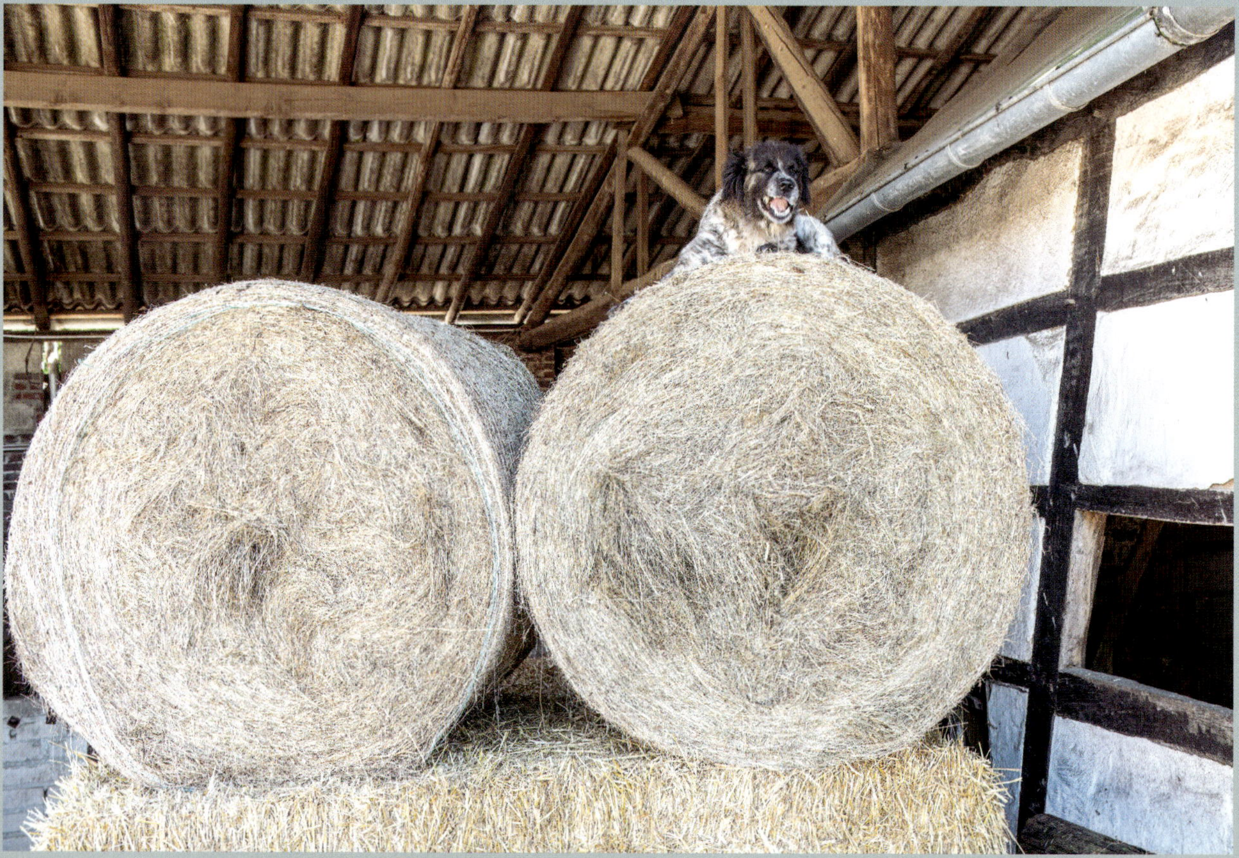

Yvonne Kremers

Wir haben diesen Hof 2002 gekauft, um uns als „Stadtmenschen" das Leben auf dem Land mit mehreren Generationen unter einem Dach zu ermöglichen. Damals war ich 16 Jahre alt. Heute leben wir hier als Familie in drei Generationen, meine Mutter, mein Bruder, mein Lebensgefährte, unsere Kinder und ich. Als wir auf den Hof zogen, brachte ich mein Pferd mit. Inzwischen stehen hier ca. 25 eigene und Pensionspferde. Neben den Pferden halten wir Ziegen, Puten, Hühner, Hunde, Katzen und vieles mehr. Als wir hier anfingen, war uns das Dorfleben und Tierhaltung in diesem Umfang noch fremd. Wir wurden in die Dorfgemeinschaft gut und schnell aufgenommen und nach und nach wuchs unser kleiner Bauernhof. Heute kann ich mir nichts mehr anderes vorstellen. Nach meinem Schulabschluss baute ich hier einen Reiterhof auf. Ich gebe Reitunterricht, auch für behinderte Kinder. Zum Reiten kommen Schulklassen, die auch Ziegen und andere Tiere kennen lernen wollen.

Damals, 2002, wussten wir, dass Keyenberg umgesiedelt werden sollte. Aber da war ich 16 Jahre alt und 20 Jahre weiter zu denken war mehr als meine damalige Lebenszeit. Wir haben immer gehofft, bleiben zu können.

Die Frage an uns, ob wir umsiedeln, ließ sich nicht vermeiden. Für uns war es nicht nur eine Frage, ob die Entschädigungssumme für den Kauf eines anderen Hofes ausreicht, sondern auch, ob der Reiterhof an anderer Stelle überhaupt Fuß fassen kann und ausreichend Reitschüler zu finden sind. Ich habe mich auf den Tag X in der Form vorbereitet, dass ich mich neben der Betreuung meiner Kinder und der Arbeit auf meinem Reiterhof auf einen kaufmännischen Beruf umschulen ließ. Das war eine ausgesprochen harte Zeit, die mich ungemein gefordert hat.

Mit RWE befanden wir uns im Gespräch. Es lag ein Wertgutachten vor, aber wir wurden nicht zu einem Vertragsabschluss gedrängt. Es hat sich auch gezeigt, dass uns Vorschläge unterbreitet wurden, die für die Führung eines Reiterhofes unrealistisch waren.

Ob wir hierbleiben, hängt von der weiteren Entwicklung der jetzt bleibenden Dörfer ab. Wenn Keyenberg seinen Dorfcharakter behält, bleiben wir. Wenn aber der Ort industriell umgewandelt wird, entfällt für uns eine positive Lebensgrundlage. Der Ort lebt von seiner Weitläufigkeit, den großen Grundstücken hinter den Häusern, den Gassen zwischen den Häusern usw. Wir wünschen uns, dass die ehemalige Infrastruktur wiederbelebt wird und durch den Zuzug von Familien der Kindergarten, die Schule und ähnliches reaktiviert werden. Mein Wunsch ist es, dass wir als Bewohner an der Planung für die Dörfer beteiligt werden. Wir haben eine ausgezeichnete Verkehrsanbindung und viel Natur. Wer abends nach Hause kommt, hat das Gefühl, im Urlaub zu sein. Die Planungen sollten so gestaltet werden, dass die Idylle des alten Dorfes erhalten bleibt. Auch sollten die vorhandenen Angebote in die neuen Strukturen integriert werden.

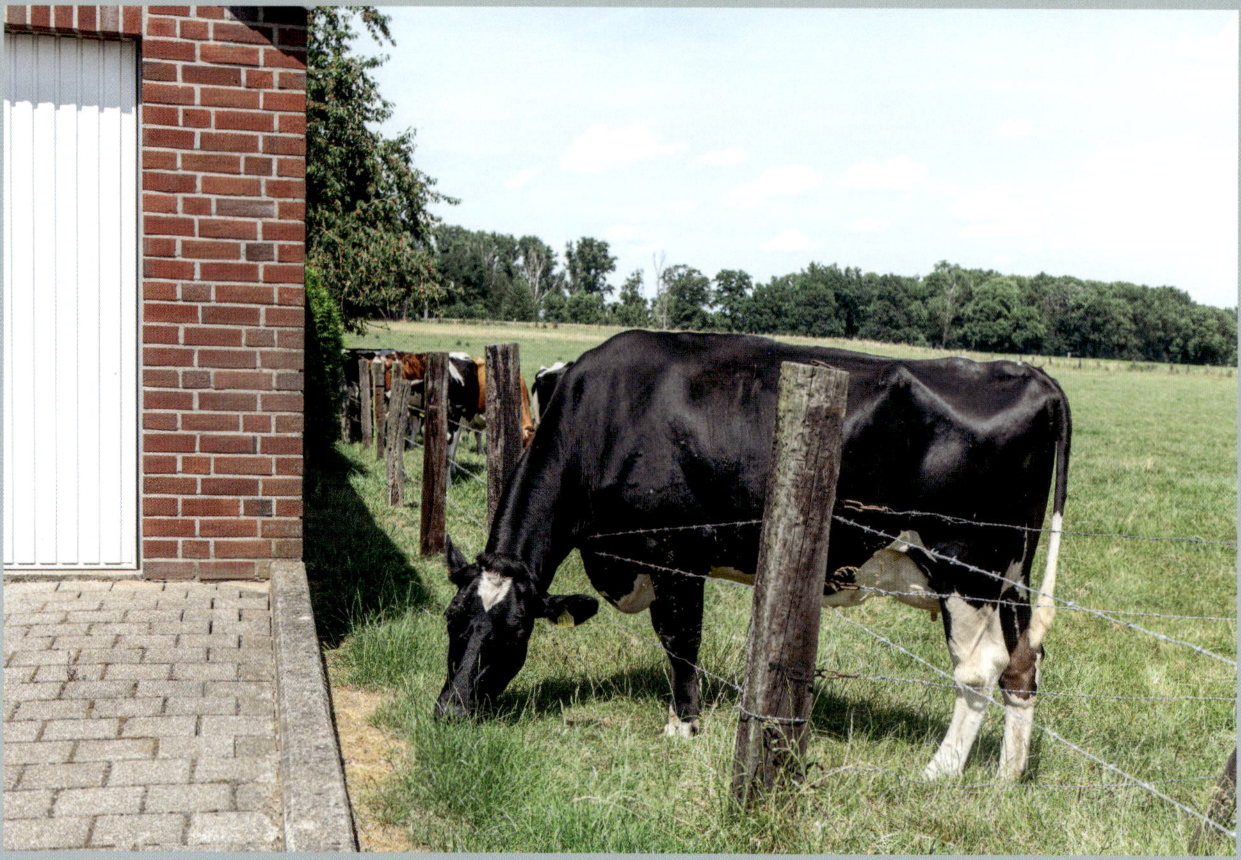

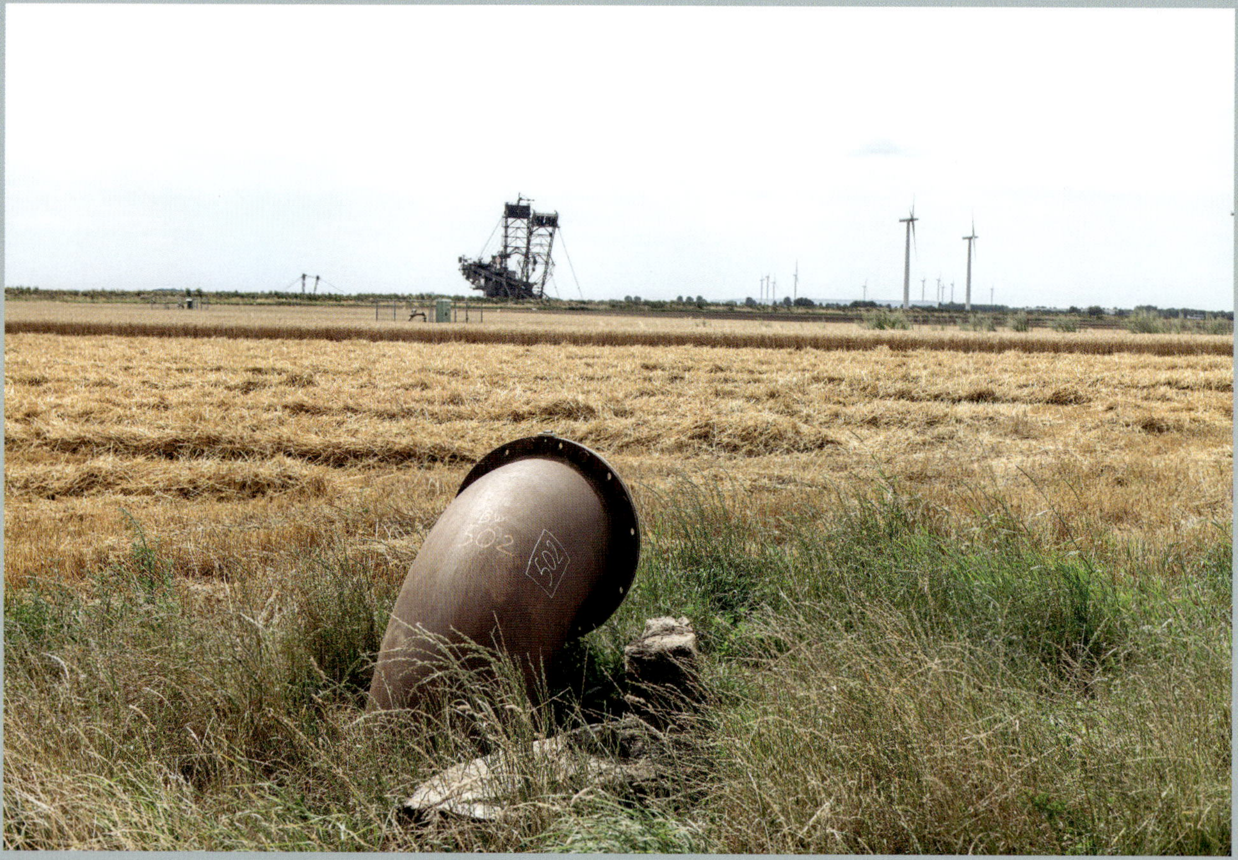

Landwirtschaft

Alle Dörfer bleiben. Aber trifft das auch für die Landwirtschaft zu?

Die Höfe liegen im Dorf und das Gebäude als solches hat Bestandsschutz. Aber die Felder, Äcker und Weiden liegen außerhalb eines Dorfes und unter Umständen in einem Bereich, in dem der Bagger einen der fruchtbarsten Lössböden für den Braunkohleabbau abträgt und die Flächen verwüstet. Bis kurz vor den bleibenden Dörfern werden bis 2030 die Braunkohle-Bagger 4.400 ha Land zerstört haben, darunter Felder, Äcker und Weideland. Im Jahr 2020 betrug die durchschnittliche Größe eines Vollerwerbshofes 63 ha. Das bedeutet, dass Landwirte ihre Existenz bereits verloren haben und andere noch verlieren werden. Nur wenn ein Landwirt seinen Hof im Vollerwerb betreibt, hat er einen Anspruch auf Entschädigung neuer Flächen an anderer Stelle.

Der Hof ist für einen Landwirt nicht nur seine Existenz, er ist sein Leben. Hier ist er geboren und bewirtschaftet das Land als Nachfahre einer weiter zurückliegenden Generation. Hier ist er verwurzelt. Hier ist seine Heimat.

Sich zu weigern, sein Land an RWE zu verkaufen oder zu übertragen, zieht ein Enteignungsverfahren nach sich. Das Allgemeinwohl - und das ist momentan die ausreichende Stromversorgung durch die Braunkohleverbrennung - schließt das Recht eines Landwirtes an seinem Grundeigentum aus. Mit der Abtretung seiner Ländereien verliert er unter Umständen seine Existenz und seinen Lebensinhalt. Den Landwirten wird mit diesem Schritt „der Boden unter den Füßen weggezogen" und nicht wenige werden darüber krank.

Einen Betrieb an anderer Stelle weiterzuführen, kollidiert mit der Situation, dass Acker- und Weideland im erforderlichen Umfang im näheren Umkreis nicht zur Verfügung stehen. Landwirte geben gezwungenermaßen auf.

Wird der Betrieb nicht weitergeführt, muss das Betriebs- in Privatkapital umgewandelt werden mit der Konsequenz, dass das Finanzamt dann einen Teil der Entschädigungssumme als Steuern einfordert.

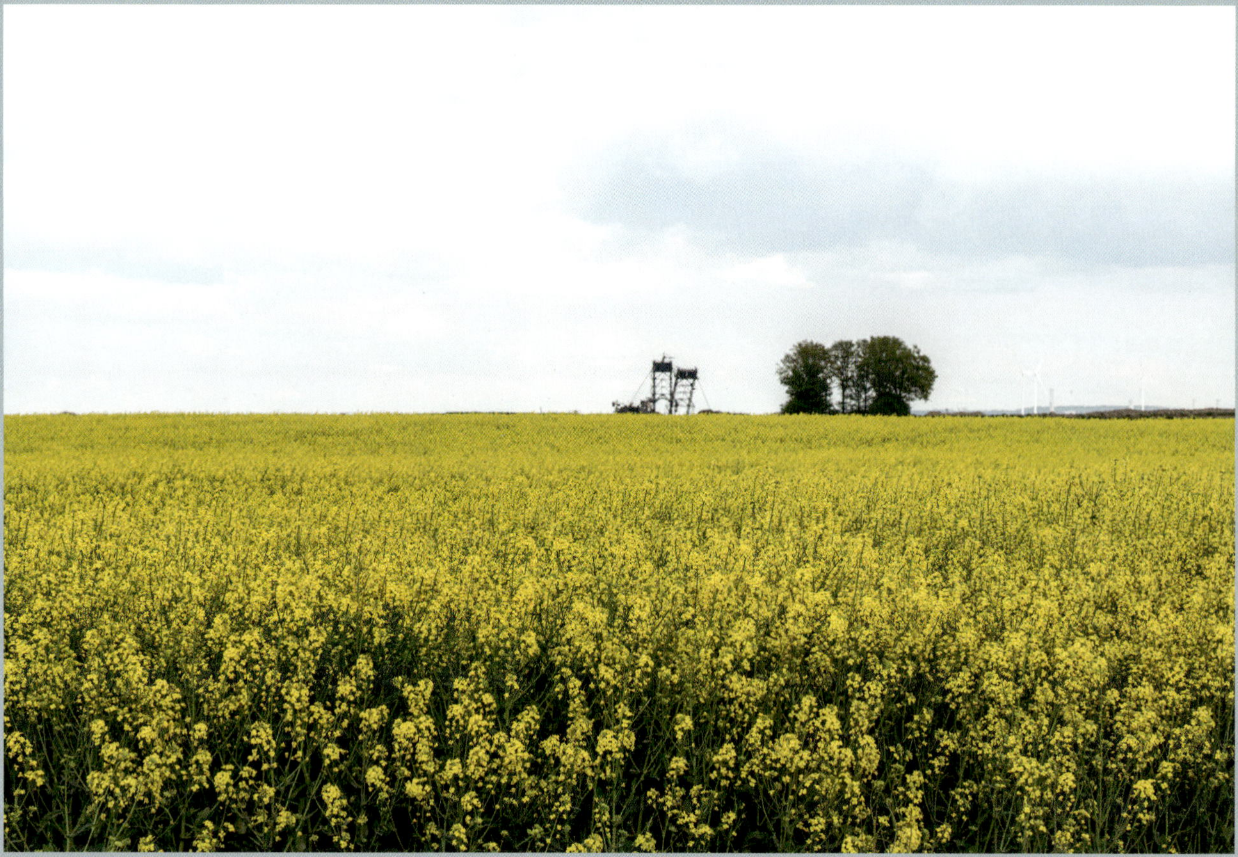

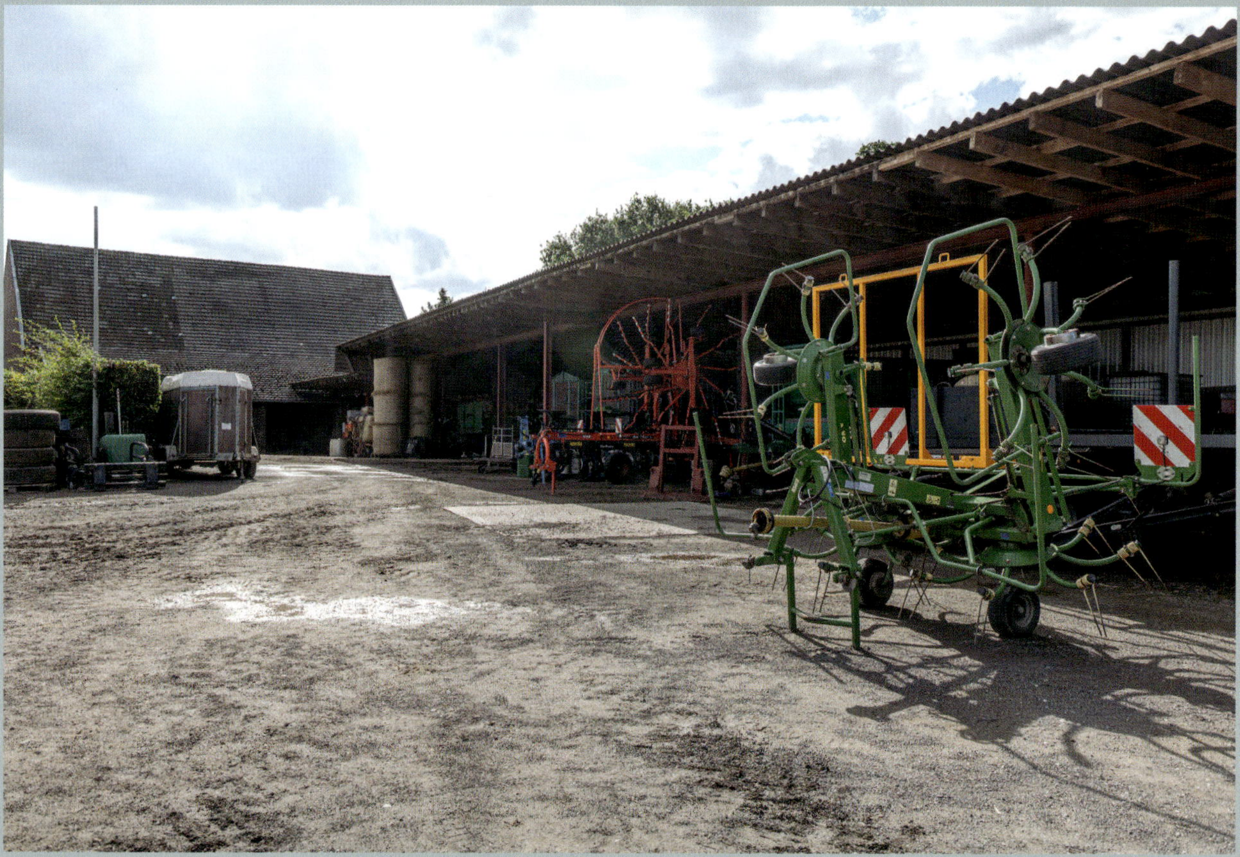

Tina de Jong mit Markus Portz

Ich bin Tina de Jong, die Partnerin von Markus Portz, dem Landwirt. Wir haben Erntezeit und an erster Stelle steht jetzt die Arbeit. Alles und alle orientieren sich an den Feldern, so auch wir.

Der Hof ist seit mehreren Generationen im Besitz der Familie Portz und bis vor einigen Jahren lebten hier drei Generationen, inzwischen ist die Oma leider verstorben. Jetzt wohnen wir hier zusammen mit der Mutter und meiner Schwester.
Der Bruder von Markus lebt noch in Unterwestrich alt. Er und seine Familie, besonders die beiden Söhne, sind viel in Berverath. Sie helfen gerne auf dem Hof mit. Noch können sie mit ihrem Fahrrad schnell rüber kommen. Im nächsten Jahr ziehen sie in ihr neues Haus am neuen Standort. Dann ist die Hilfe nicht mehr so leicht möglich.

Auch die Mutter leidet unter den Veränderungen. Ihre Freunde und Bekannten leben nicht mehr nebenan, die Endwidmung unserer Kapelle im November 2021 setzt ihr zu. Noch heute meiden wir Gottesdienste, die der leitende Pfarrer hält. Berverath ist unsere Heimat, und die kann man nicht für Geld kaufen. Wenn möglich, bleiben wir.

Der Hof trägt sich durch die Feldwirtschaft. Neben Getreide bauen wir Raps, Mais und Rüben an. Zusätzlich halten wir als Hobby und für den Eigenbedarf einige Mastrinder.
Circa die Hälfte unserer Anbauflächen befinden sich im geplanten Tagebaubereich. Damit ist für uns ungewiss, wie der Betrieb mittelfristig geführt werden kann. Wir können nur abwarten und auf eine gute Lösung hoffen. Bisher ist RWE offen mit seinen Planungen umgegangen und wir konnten uns darauf einstellen. Das schon im Loch verlorene Land wurde uns an anderer Stelle ersetzt.

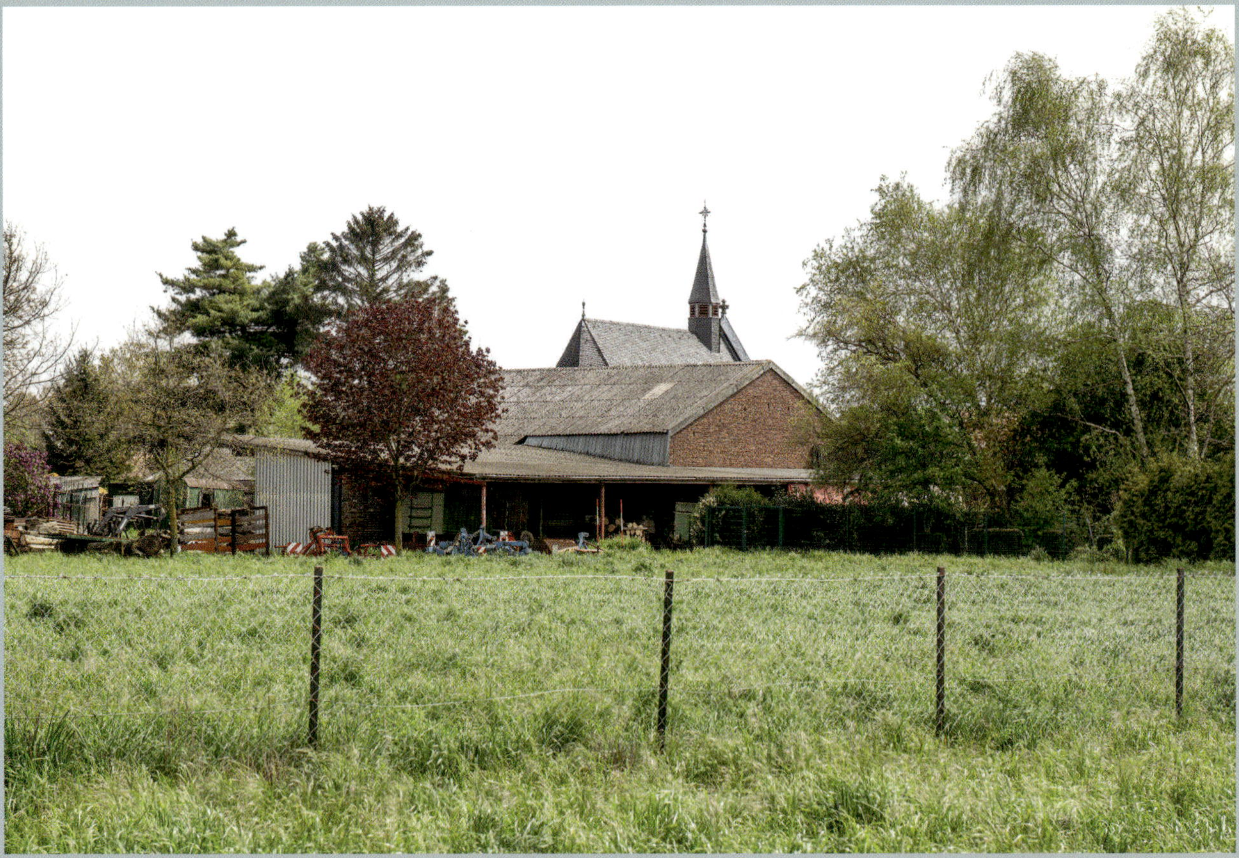

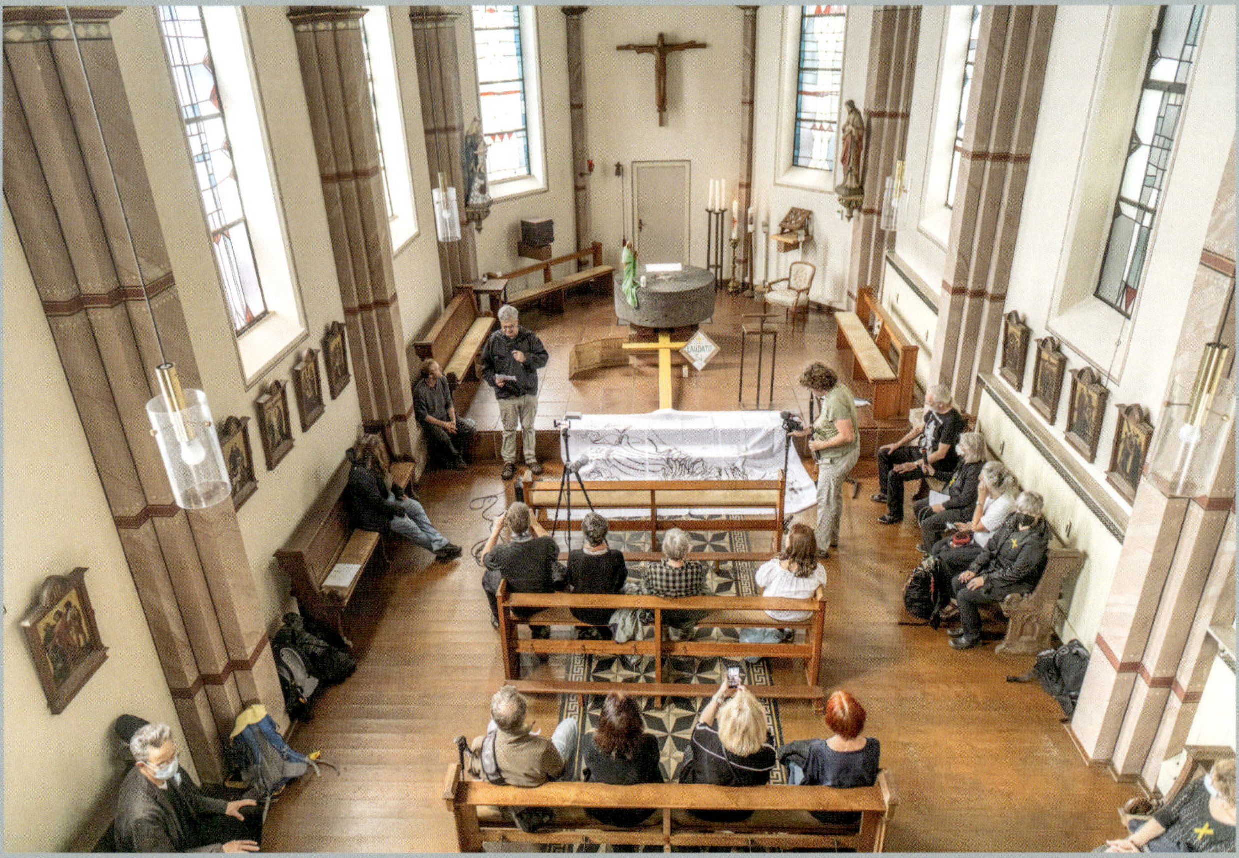

Uschi Settels und Irmtrud Pechtheyden

Wir beide bilden so etwas wie eine Wohngemeinschaft. Jede bewohnt für sich eine Etage.
Ich, Uschi Settels, bin inzwischen 80 Jahre alt, mein Mann lebt in einem Pflegeheim. Für mich sind das Haus und das Grundstück zu groß und in meinem Alter denkt man auch, was an Krankheitsbelastungen noch auf einen zu kommen kann. Ich möchte mich „kleiner setzen" und nach Kuckum (neu) umsiedeln. Die Grundstücke dort sind lange nicht so groß wie hier im alten Ort. Frau Pechtheyden möchte hierbleiben. Der Garten ist ihr Wohnzimmer und sie verbringt viele Stunden mit der Gartenarbeit. Mir selbst fällt die Trennung vom Haus sehr schwer. 1984 habe ich es mit meinem Mann bezogen und noch heute entspricht es meinen Bedürfnissen. Andere aus dem Dorf waren froh, ihr altes Haus an RWE verkaufen zu können.

Hier in Kuckum hatten wir eine gute Gemeinschaft. Jeder hat jeden akzeptiert, egal was für ein Haus er hatte und wieviel er verdiente. Auch die Zugezogenen wurden direkt aufgenommen. Ich habe die Karnevalsfeiern mit aufgebaut und war viele Jahre Karnevalspräsidentin.

Aber mit dem Status eines Umsiedlerortes hat es das Dorf zerrissen. Die einen wollten gehen und die anderen wollten bleiben. Und plötzlich sind fast alle gegangen. Jetzt leben ca. 30 alte Kuckumer hier. Demgegenüber stehen ca. 300 Ukrainer, die mit vielen Personen, die sich untereinander nicht kennen, in einem Haus leben müssen. Würden sie familiengerecht auf die Häuser verteilt, würden wieder alle Rollladen hochgehen und wieder Leben in die Häuser einziehen.

Wir, die geblieben sind, haben an bestehenden Traditionen angeknüpft und schmücken weiterhin den Weihnachtsbaum, feiern den 1. Mai, St. Martin usw. Aber es muss immer wieder jemand die Initiative ergreifen und es müssen sich Helfer finden. In die Feste werden die Menschen aus der Ukraine einbezogen. Trotz mancher Sprachprobleme haben sich Kommunikationswege entwickelt. Aber auch zwischen Kuckum und Kuckum (neu) hat es keinen Bruch gegeben und wir werden zu den Festen eingeladen.

In Kuckum (neu) habe ich bereits ein Grundstück. Für das hiesige Haus liegt ein Wertgutachten vor und mit RWE laufen die Verhandlungen. Sobald diese abgeschlossen sind, kann am neuen Standort mit dem Neubau begonnen werden. Ich freue mich auf meine alte Nachbarschaft. Meinen grünen Garten büße ich ein, aber dort kann alles wieder wachsen.

66

Ingo Bajerke und Helmut Kehrmann

Die Entscheidung, umzusiedeln, fällt schwer und ist über Jahre ein Streitthema. Keyenberg war und ist unsere Heimat. Über viele Jahre haben wir lieb gewonnene Gewohnheiten und Kontakte gepflegt. Wir kannten das Dorf mit seinen Menschen, seinen Häusern, seinen Bäumen, Gärten und vieles mehr. Wenn man in der dunklen Jahreszeit durch die Straßen ging, wusste man, wer hinter den Fenstern zu sehen war, strickte oder nähte, ein Buch las. Heute sitzt kein Mensch mehr hinter den Fenstern. Es ist kein Leben mehr in den Häusern. Was bleibt, ist die Erinnerung. Weißt du noch, wer hier lebte? Weißt du noch, was wir hier als Kinder machten? Weißt du noch …?

Keyenberg hat sich verändert. Der Ort ist nicht mehr der alte. Im alten Dorf zu bleiben heißt, in seinen Erinnerungen gefangen zu sein. Und die Befürchtung ist, wenn sich die Dörfer verändert haben, unter den neuen Bewohnern ein einsames Leben zu führen. Aber ich, Ingo, habe immer noch einen Fuß in Keyenberg. Das Haus meiner Eltern und Großeltern sollte eigentlich schon geräumt sein. Alles, was mir beim Räumen in die Hände fällt, löst Erinnerungen aus.

Im neuen Ort haben alle Menschen ein modernes und auf die Bedürfnisse ihrer Bewohner zugeschnittenes Haus. Ältere müssen keine Treppen mehr steigen, die Raumtemperatur wird zentral gesteuert usw. Aber die Menschen konnten sich das neue Leben nicht vorstellen. Zu Beginn standen hier nur einzelne Häuser, der Abstand zum Nachbarn war groß. Mit der Zeit schlossen sich die Baulücken und es wurde eng. Es fehlt die Weite und Freiheit des alten Ortes.
Lieb gewonnene Gewohnheiten mussten zurückgelassen werden. Hier gibt es keine großen Gärten mehr, die Gemüseanbau zulassen. Eine Nutztierhaltung oder Taubenzucht ist nicht zulässig. Die gesamte Infrastruktur hat sich geändert, kein Bäcker, kein Lebensmittelladen, kein Metzger, kein Kindergarten, keine Schule.
Viele Ältere sind nicht mit umgesiedelt. Sie wollten sich den Stress, der mit einem Neubau verbunden ist, ersparen.

Mit der Umsiedlung sind für das Dorf und die Kirchengemeinde grundlegende Entscheidungen zu treffen, an denen die Dorfgemeinschaft als Vertreter der Dorfbevölkerung, der Kirchenvorstand, der Ortsausschuss und der Kapellenverein, zuständig für die Kirchen der alten Dörfer, wesentlich beteiligt sind; vier Gremien, aber viele Positionen in Personalunion. Entscheidungen wurden lediglich präsentiert, aber nicht öffentlich diskutiert.

Wir sind Mitbegründer der Aktionsgemeinschaft „Die Kirchen im Dorf lassen", und wir haben es nie verstanden, dass die Kirche in Keyenberg geplündert und ein großer Teil der sakralen Gegenstände einfach an andere Kirchengemeinden verteilt wurde. Mit einer Petition sind wir bis zum Bischof gegangen, aber einzelne Personen haben sich gegen die alte Restgemeinde durchgesetzt. Bis auf die Glocken in der neuen Kirche gibt es keine Erinnerungsstücke. Und der Klang hat sich durch das neue Gebäude verändert.
Viele Umsiedler waren durch die neue Situation so angespannt, dass sie die Konflikte nicht mittragen konnten und sich eher anpassten. Durch unsere klare Positionierung und der Kritik an den Entscheidungsträgern sind wir für sie ein Dorn im Auge.
Wir leben hier und erhoffen uns neue positive Perspektiven für unser weiteres Leben. Es fällt aber schwer, die Konflikte zu vergessen und so zu tun, als wäre nie etwas geschehen.

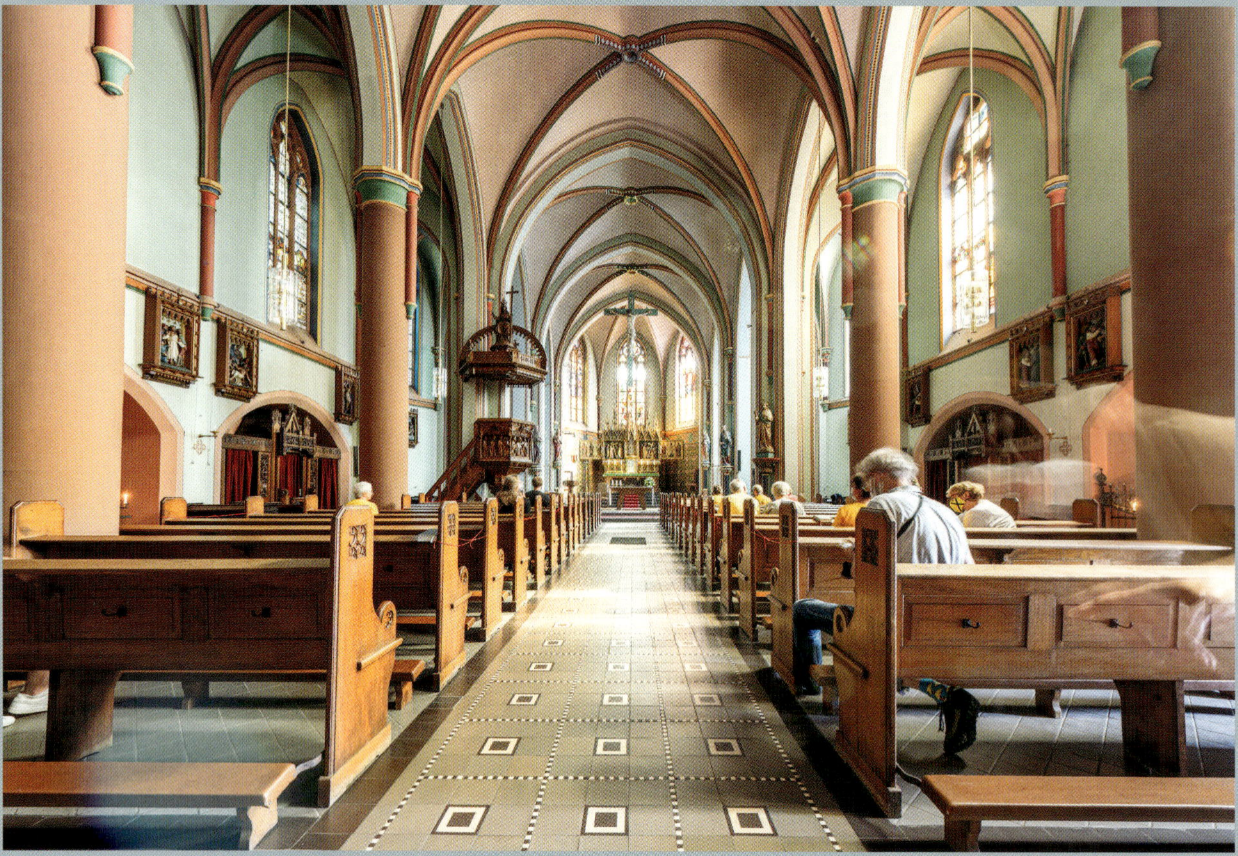

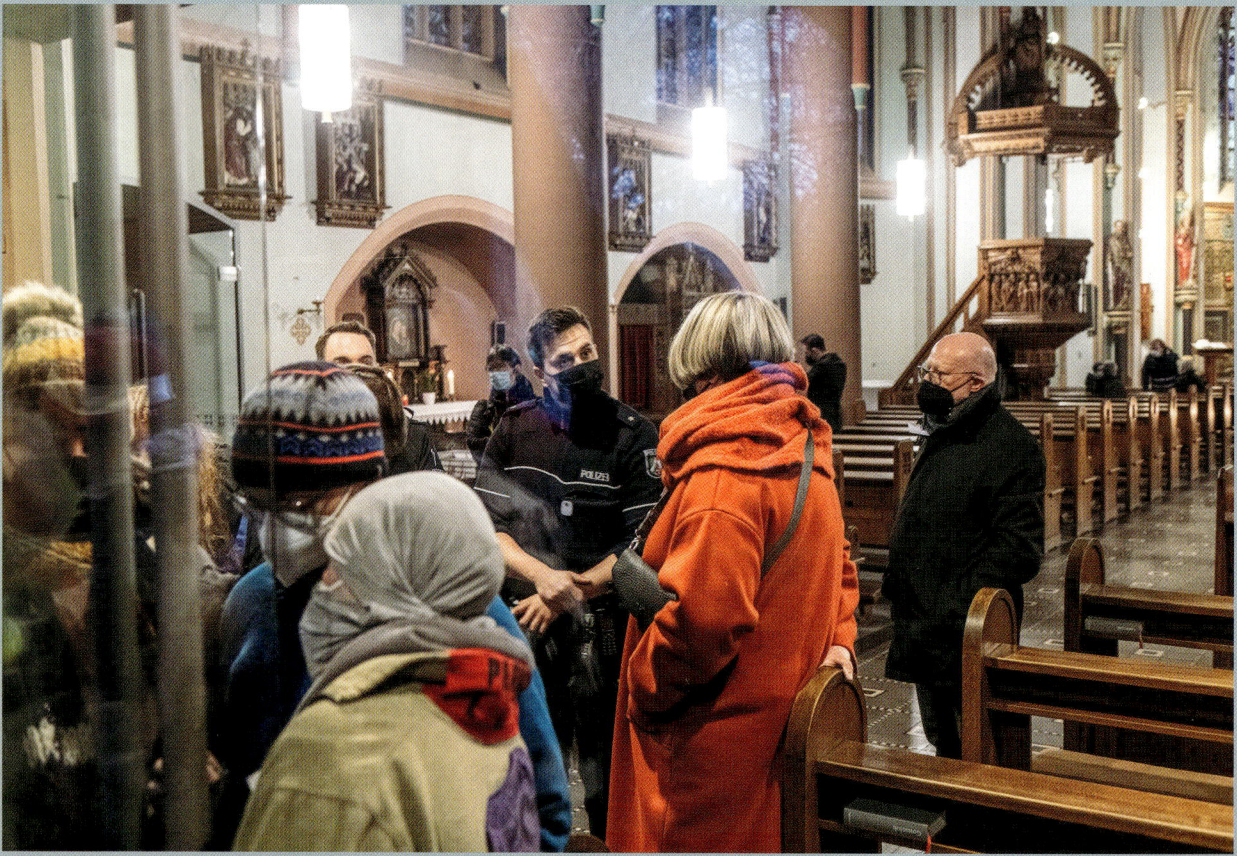
POLIZEI

Zerrissene (Kirchen-)Gemeinden

Beide, die daheim gebliebenen und die umgesiedelten Menschen, haben einen Anspruch auf ihre Kulturgüter wie z. B. die Kirchen. Hier sind sie getauft worden, zur Kommunion gegangen, haben geheiratet und ihre Angehörigen wurden hier beerdigt.

Doch schon 2019 hatte das Bistum seine Kirchen an RWE verkauft. Mit der Übergabe an RWE hätte das Bistum warten können bis zu einer endgültigen Entscheidung über die Zukunft der Dörfer - und damit den Menschen in den alten Dörfern ein Stück Heimat gelassen. Aber bereits im März 2021 wollte der leitende Pfarrer mit dem Kirchenvorstand und dem neu gegründeten Kapellenverein im Alleingang die Keyenberger Kirche entwidmen und sie RWE übergeben. Für ihn fand das Gemeindeleben im neuen Ort statt und seine Gemeindemitglieder in den alten Dörfern waren zu vernachlässigen. Diese waren empört, waren sie doch in dem Glauben, dass ihre Kinder hier noch zur Erstkommunion geführt würden. Ein Sturm der Entrüstung setzte ein und Bischof Dieser verhinderte den Akt. Später, am 28.11.2021, stimmte er den Entwidmungen der Kirchen in Keyenberg, Kuckum und Berverath zu.

Am 27.11.2021 wurden die Kirchen noch einmal für die Gemeinde geöffnet. Sie durfte Abschied nehmen. Aus dem Abschied wurde ein Protest und am Abend rief der leitende Pfarrer die Polizei, um die Keyenberger Kirche räumen zu lassen.

Bereits kurz nach der Profanierung der Kirchen wurden die Glocken in Keyenberg klamm und heimlich ausgebaut. Der altvertraute Klang wurde in das neue Dorf entführt. Der Pastor, der Kirchenvorstand und der Kapellenverein, dessen Mitglieder aus den alten Dörfern stammten, hatten sich durchgesetzt und in ihre Entscheidung die „Restgemeinde" nicht einbezogen. Die Orgel wurde verkauft, den Altar und sakrale Gegenstände bekamen Nachbargemeinden. Die Menschen der alten Dörfer sahen sich abgekoppelt und von ihrer Kirchengemeinde ausgegrenzt. Ihnen gegenüber hat die katholische Kirche ihre Glaubwürdigkeit verspielt. Sie bietet keine gemeindliche Orientierung mehr. Die Menschen sind auf sich selbst zurückgeworfen, aber sie kommen sich auch näher. Das Schmücken des Weihnachtsbaums, das Maifest und andere Festlichkeiten sind nicht verloren gegangen. Doch wer ergreift die Initiative, wer hilft mit und so weiter. All diese Dinge sind mit neuem Leben zu füllen.

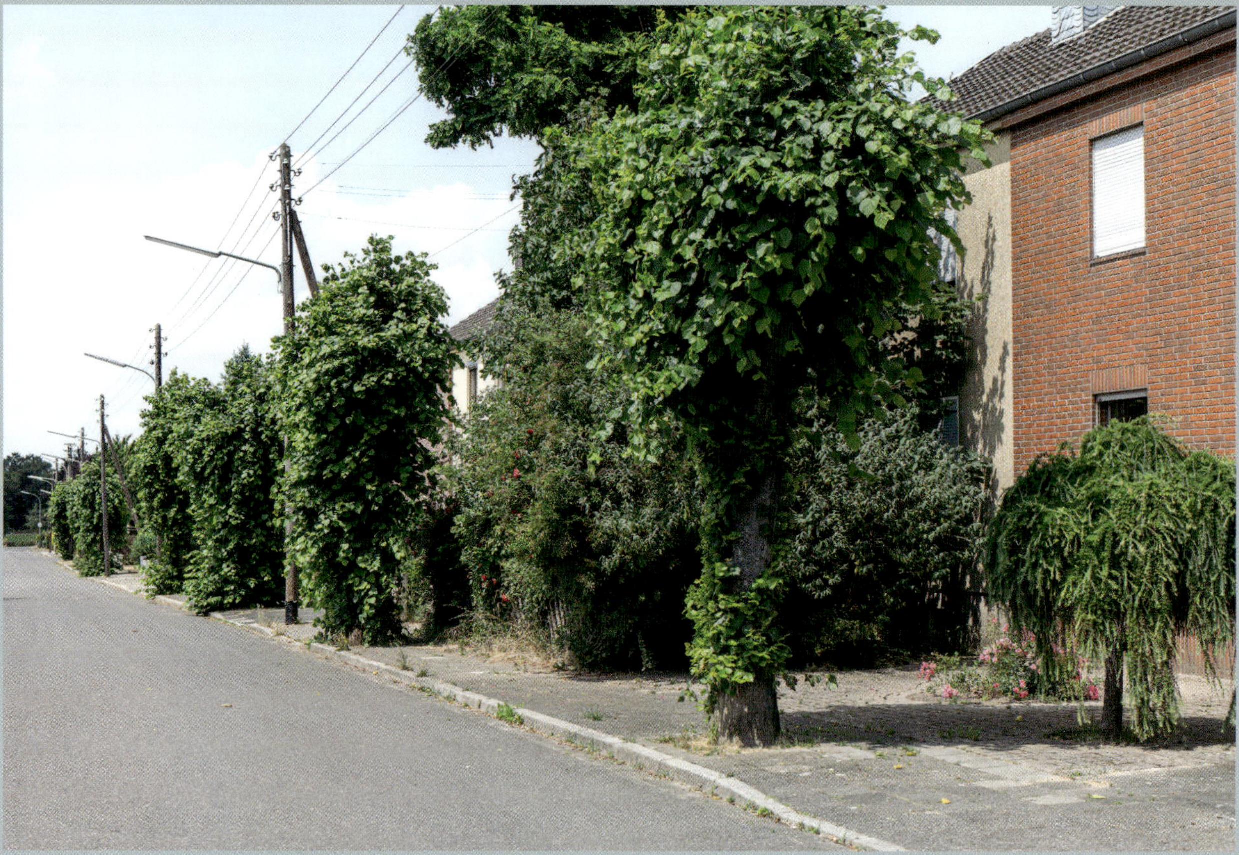

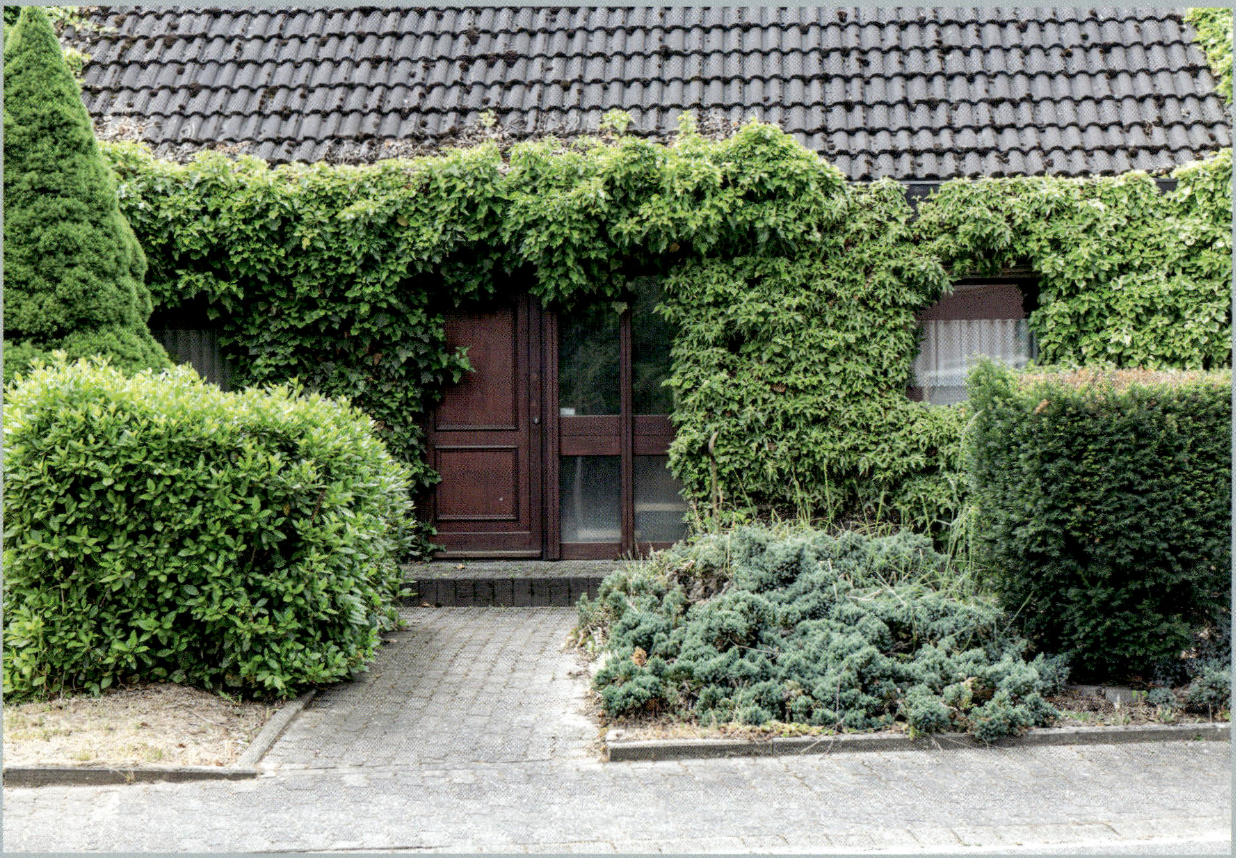

Ein Hundebesitzer

Ich wohne nicht hier, sondern komme mit meinen Hunden. Die Siedlung ist fast unbewohnt und so können meine Tiere ungestört und frei laufen.

Fast alle Häuser stehen leer. Die Vorgärten werden durch Gartenbaufirmen gepflegt. Häufig ist nicht erkennbar, ob ein Haus bewohnt oder unbewohnt ist. Bei dem Wohnungsmangel ist das eine Schande. Wieviel Familien würden sich freuen, hier leben zu können?

In der Siedlung gibt es eine Familie, die ihr Haus bereits an RWE verkauft hat, nun aber eigentlich bleiben könnte. Sie hatte aber nicht den Mut, die neue Leitentscheidung mit der Regelung eines Rückkaufs abzuwarten.

Zukunftsvision für das Erkelenzer Tagebauumfeld

Stephan Muckel

Einleitung und Hintergrund

Das Positionspapier zur Zukunftsvision für das Erkelenzer Tagebauumfeld entstand im Kontext der strategischen Raumplanung für das Gebiet rund um den Tagebau Garzweiler, ein Thema, das seit der dritten Leitentscheidung im Jahr 2016 an Bedeutung gewonnen hat. Besonders hervorgehoben wird das "Drehbuch zur Tagebaufolgelandschaft" von 2016 des Zweckverbands Landfolge, dass eine visionäre Grundlage für die Neuordnung des Gebiets bildet und dabei auch die Transformation der fünf betroffenen Dörfer in einen großflächigen Seenkomplex skizziert. Weitere Konzepte wie z.B. das "Innovation-Valley" und das "Blau-Grüne Band" von 2019 bauen auf dieser Grundlage auf und erweitern sie um neue Szenarien und Machbarkeitsstudien. Die Moderation, Durchführung und Dokumentation des Prozesses erfolgte im Jahr 2023 durch das Büro MUST im Auftrag der Stadt Erkelenz.

Räumliche Analyse

Die räumliche Analyse, als erster der sechs Arbeitsschritte zur Erarbeitung des Positionspapiers, betrachtet verschiedene Aspekte wie infrastrukturelle Anbindung, grüne und blaue Strukturen, Nutzungen, Topographie sowie Risikobereiche und Raumkanten. Die Analyse liefert eine kartografische Darstellung und zeigt einen Zwischenstand, der für die weiteren Planungen eine essenzielle Basis darstellt. Besondere Beachtung findet die landwirtschaftliche Nutzung der Region Erkelenz, die aufgrund ihrer fruchtbaren Böden als bedeutsam eingestuft wird.

Bildrechte am Foto: Zweckverband LANDFOLGE Garzweiler

Zukunftsvisionen und Varianten

Die drei entwickelten Visionen – "Land der Alleen", "Goldene Äcker", "Neustadt am See" – bieten unterschiedliche Ansätze zur Gestaltung des Raumes, die sich in den Bereichen Natur und Freiraum, Infrastruktur sowie Siedlungsentwicklung unterscheiden. Jede Vision setzt dabei eigene Schwerpunkte:

- „Land der Alleen" fokussiert auf Tourismus und Naherholung mit einem grünen Band entlang der Tagebaukante.

- „Goldene Äcker" konzentriert sich auf die landwirtschaftliche Nutzung und sieht eine Erweiterung der landwirtschaftlichen Flächen vor.

- „Neustadt am See" plant die Erweiterung der Siedlungsfläche und zielt darauf ab, neuen Wohnraum zu schaffen.

Bürgerbeteiligung und Auswertung

Eine umfangreiche Bürgerbeteiligung, einschließlich einer Auftaktveranstaltung und einer Online-Umfrage, gab den Bürgern die Möglichkeit, aktiv am Planungsprozess teilzunehmen und Feedback zu den vorgeschlagenen Visionen zu geben. Die Rückmeldungen aus der Bürgerbeteiligung wurden sorgfältig ausgewertet und flossen direkt in die weitere Entwicklung des Positionspapiers ein. Die Beteiligungsveranstaltungen zeigten eine breite Zustimmung zu den vorgeschlagenen Freiraum- und Infrastrukturkonzepten, wobei einzelne Aspekte wie die Agrarbahn und die Seilbahn kritisch betrachtet wurden.

Ziele

Die Ziele des Positionspapiers für den Raum zwischen dem Tagebaurand und dem Stadtrand von Erkelenz sind darauf ausgerichtet, die durch den langjährigen Braunkohleabbau geprägten Herausforderungen anzugehen und eine nachhaltige Zukunftsvision zu entwickeln. Die fünf zentralen Ziele sind:

1. Stärken der vorhandenen Qualitäten

Das Ziel ist, die historisch gewachsenen und landschaftsprägenden Elemente wie die großen landwirtschaftlichen Flächen, die Niers, die Baumalleen und die historischen Ortskerne mit ihren Kirchen und Vierkanthöfen zu schützen und weiterzuentwickeln. Es wird angestrebt, diese Qualitäten zu bewahren und als Basis für neue Entwicklungen zu nutzen.

2. Nachhaltige Lösungen für Zukunftsaufgaben vorantreiben

Dieses Ziel fokussiert sich darauf, nachhaltige und innovative Lösungen zu entwickeln, die auf die großen Herausforderungen wie den Klimawandel, die Mobilitätswende und den Strukturwandel reagieren. Besonders betont wird die Notwendigkeit, alle Initiativen so zu gestalten, dass sie zur Erreichung der Pariser Klimaziele beitragen.

3. Den Raum gemeinsam gestalten

Hierbei geht es um die aktive Einbindung aller relevanten Akteure – von lokalen und regionalen Behörden bis hin zu Grundeigentümern und der Zivilgesellschaft. Die Zusammenarbeit soll sicherstellen, dass die geplanten Maßnahmen effektiv umgesetzt werden und dass sowohl finanzielle als auch technische Ressourcen effizient genutzt werden.

4. Die Summe ist mehr als die einzelnen Projekte zusammen

Die Zielsetzung hier ist die Schaffung von Synergien zwischen einzelnen Projekten, um so eine kohärente und kraftvolle Gesamtstrategie zu formen. Die Projekte sollen sich gegenseitig verstärken und zu einer umfassenden, positiven Entwicklung des Raums beitragen.

5. Zeitnah und mittelfristig Projekte umsetzen

Dieses Ziel hebt die Dringlichkeit hervor, sofortige und mittelfristige Maßnahmen zu ergreifen, um die Lebensqualität der Bevölkerung schnell zu verbessern. Einige Projekte können und sollen kurzfristig angegangen werden, während andere aufgrund ihrer Komplexität und der Notwendigkeit, Dritte einzubeziehen, mehr Zeit benötigen.

Eckpunkte der integralen Zukunftsvision

Hier ist eine Zusammenfassung der 10 Eckpunkte aus dem Positionspapier, die sich auf die zukünftige Gestaltung und Nutzung des Raums zwischen dem Tagebaurand und dem Stadtrand von Erkelenz konzentrieren:

1. „Moderne, kleinteilige Landwirtschaft"

Nutzung weniger attraktiver Ackerflächen zwischen den Dörfern und am Rand bestehender Siedlungen für eine moderne, partizipative Landwirtschaft und Forschungszwecke. Diese Art der Landwirtschaft fördert die Biodiversität und unterstützt die Vision einer klimaneutralen Region.

2. „Großzügige Grünflächen als Verbindung"

Schaffung einer halboffenen Waldstruktur auf weniger ertragreichen landwirtschaftlichen Flächen, die als grüne Infrastruktur entlang der Tagebaukante dient. Diese Flächen bieten Naherholungsmöglichkeiten und wirken als natürlicher Filter gegen Umweltverschmutzung.

3. „Ausbau des ÖPNV-Systems zwischen den Ortskernen"

Förderung eines gut getakteten ÖPNV, einschließlich moderner Angebote wie On-Demand-Verkehr, Car- und Bikesharing sowie autonomes Fahren, um die Verbindung zwischen den Ortskernen und übergeordneten Verkehrssystemen zu stärken.

4. „Ausbau des Straßennetzes"

Entwicklung einer neuen Nord-Süd-Verbindung als Ersatz für die wegfallende L12, unter kritischer Prüfung und Einbeziehung vorhandener Überlegungen wie der geplanten L354n. Das neue Straßennetz soll auch die landwirtschaftliche Erschließung unterstützen.

5. „Ausbau von Rad-, Reit- und Wanderwegen"

Erweiterung des regionalen Netzes für Rad-, Reit- und Wanderwege zur Förderung des Tourismus und der Naherholung, kombiniert mit der Anlage von Baumalleen zur Schaffung schattiger Wege und Lebensräume für die lokale Fauna.

6. „Erhalt der Flächen mit Rück- und Neubau"

Optimierung des Ortsbildes durch Abriss nicht erhaltenswerter Bauten und Integration denkmalgeschützter sowie städtebaulich prägender Strukturen, um die Identität der einzelnen Straßendörfer zu bewahren.

7. „Siedlungserweiterung Richtung See"

Aktuell keine Notwendigkeit für eine großräumige Siedlungserweiterung; Entscheidungen hierzu sollen bis 2040 zurückgestellt werden, um zukünftigen Generationen Anpassungsmöglichkeiten zu lassen.

8. „Stärkung der vorhandenen Höfe"

Nutzung der großen landwirtschaftlichen Flächen durch existierende Höfe, die durch neue, zukunftsfähige Angebote erweitert werden sollen, um Teil der regionalen Neuausrichtung zu sein.

Diese Eckpunkte spiegeln die umfassenden Planungsansätze wider, die darauf abzielen, die regionale Entwicklung durch eine Kombination aus Umweltschutz, moderner Infrastruktur und der Förderung lokaler Wirtschaftsaktivitäten voranzutreiben. Sie bieten einen Rahmen für zukünftige Maßnahmen, die sowohl die Lebensqualität verbessern als auch die landschaftliche und kulturelle Identität der Region erhalten sollen.

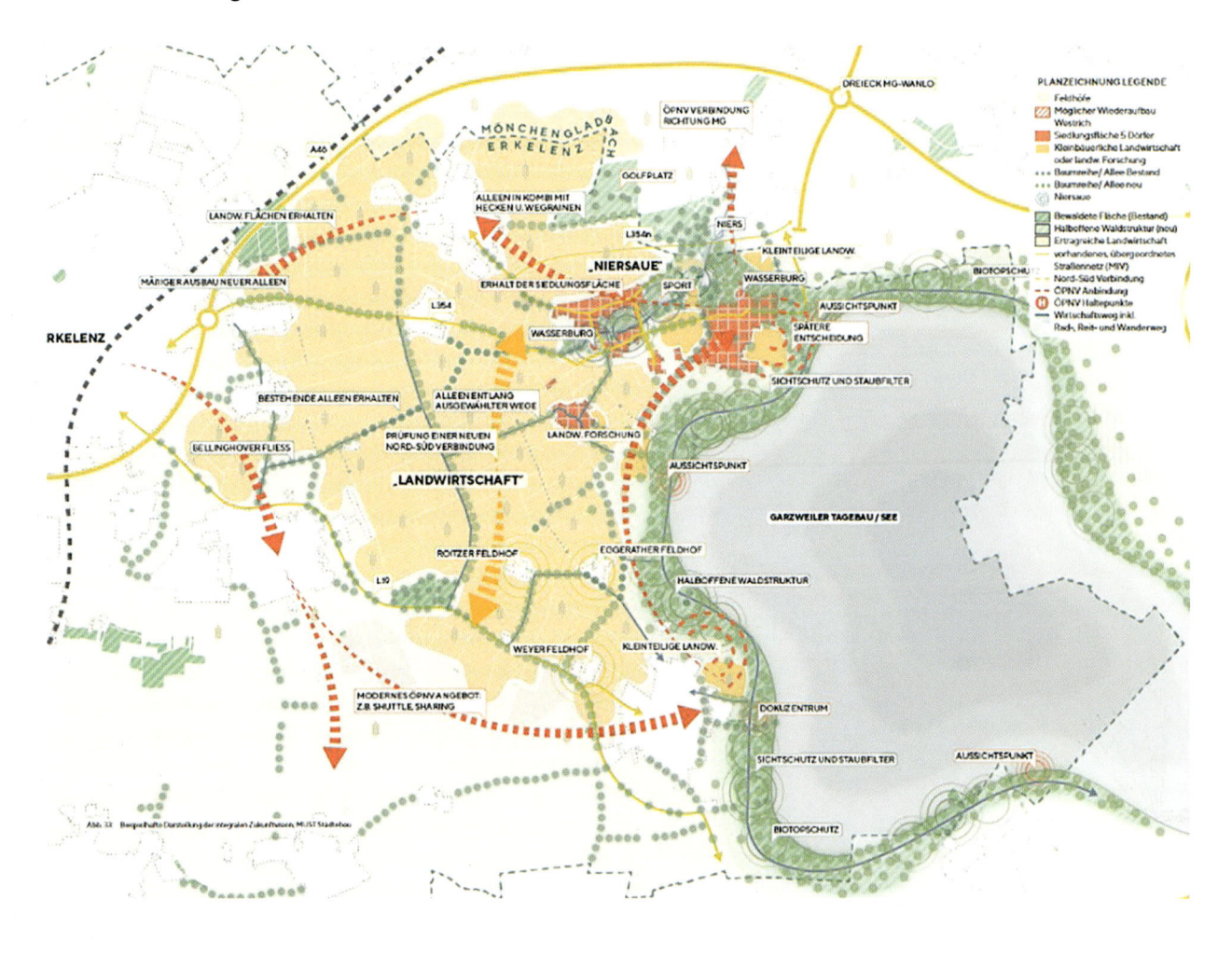

Abbildung: Integrale Zukunftsvision
Quelle: Büro MUST im Auftrag der Stadt Erkelenz;
Informationen unter:
https://www.erkelenz.de/wirtschaft-klima-stadtentwicklung/strukturwandel-braunkohle/revitalisierung-zukunftsvision/

Schlussfolgerungen und Weiterentwicklung

Das Positionspapier bietet eine gründliche und umfassend diskutierte Grundlage für zukünftige Entscheidungen im Bereich der Raumgestaltung. Es betont die Notwendigkeit, sowohl historische Strukturen zu berücksichtigen als auch innovative Lösungen für die Herausforderungen im Umfeld des Tagebaus zu entwickeln. Durch die aktive (und auch zukünftige) Einbindung der Bürgerschaft und die Berücksichtigung ihrer Feedbacks positioniert sich das Papier als ein dynamisches Instrument zur Gestaltung einer nachhaltigen und lebenswerten Umgebung in und um Erkelenz.

Das Land NRW hat Fördermöglichkeiten zur Entwicklung der Dörfer des 3. Umsiedlungsabschnitts in Aussicht gestellt. Da diese Dorfentwicklung neben dem Ort Morschenich innerhalb der Gemeinde Merzenich eine außergewöhnliche Sonderaufgabe im Rahmen der Förderung darstellt, erfolgt eine enge Begleitung des Prozesses durch entsprechende Landesgesellschaften.

Zum Autor:
Stephan Muckel ist seit 2020 Bürgermeister der Stadt Erkelenz. Geboren in Mönchengladbach und aufgewachsen in Erkelenz, hat er seine Jugend im Schatten des heranrückenden Tagebaus verbracht. Der 43-Jährige studierte an der RWTH Aachen und schloss sein Studium erfolgreich mit einem Magister Artium in Wirtschaftsgeographie ab. Aktuell schließt die Stadt Erkelenz das Kapitel der Umsiedlung bis Mitte 2026 ab und startet parallel die Planung für die Revitalisierung der fünf Dörfer im Zusammenspiel mit den Menschen und der Region.

Entwicklungsraum Tagebau Garzweiler

Volker Mielchen

Der Braunkohlentagebau stellt seit Jahrzehnten eine große Herausforderung für die Anrainerkommunen dar. Mit dem Beschluss zum Kohleausstieg gibt es nun einen klaren Fahrplan für die Beendigung der Tagebaue und die Rekultivierung. Um den damit einhergehenden Strukturwandel zu bewältigen und neue Zukunftsperspektiven zu schaffen, muss – eingebettet in eine gesamtregionale Strategie im Rheinischen Revier – interkommunal und ganzheitlich geplant werden.

Bereits 2016 haben sich die Kommunen rings um den Tagebau Garzweiler erstmals zusammengetan und in einem Workshopprozess gemeinsam mit vielen Partnern aus der Region über die Zukunft nachgedacht. Entstanden ist das „Drehbuch Tagebaufolge(n)landschaft Garzweiler" – eine erste interkommunale Strategie mit vielen Ideen zur Entwicklung des Gebiets. Es bildete die Grundlage für die Gründung eines gemeinsamen Zweckverbands 2017. Er wird von den Städten Mönchengladbach, Erkelenz, Jüchen, Grevenbroich sowie der Landgemeinde Titz getragen. Die RWE Power AG und die Region Köln-Bonn e.V. gehören dem Verband als beratende Mitglieder an. Das Verbandsgebiet umfasst einen Raum, in dem mehr als 400.000 Menschen leben. Handlungsschwerpunkt ist der Bereich des Tagebaus und seiner Umgebung, in dem Konzepte und Projekte entwickelt werden. Vor dem Hintergrund des nunmehr beschlossenen Kohleausstiegs und der damit verbundenen Strukturförderung kommt dieser Ausgabe eine noch größere Bedeutung zu. Die Zeiträume zur Anpassung der Braunkohlenplanung und zur Entwicklung der kommunalen Folgeplanungen sind inzwischen durch politische Entscheidungen stark verkürzt. Gleichzeitig steigt die Erwartung, dass neue wirtschaftliche Perspektiven und attraktive Lebensräume geschaffen werden.

Illustration: Dreiseitl

Um dieser Herausforderung zu begegnen, arbeitet der Zweckverband parallel auf zwei Ebenen: Zum einen werden die strategischen, interkommunal abgestimmten Planungen erarbeitet und fortgeschrieben. Das „Drehbuch" wurde inzwischen mit zahlreichen Konzepten und Planungen, wie dem Workshop zum „Innovation Valley Garzweiler" oder zu dem Konzept zum Thema Straßenverkehr weiter konkretisiert und 2021 fortgeschrieben. Es nimmt aktuelle Entwicklungen und Projekte auf und fügt sie zu einem Gesamtbild wieder zusammen. Aus diesen Konzepten leiten sich kommunale Standpunkte für Stellungnahmen in den laufenden Verfahren zur Regionalplanung oder zu den Leitentscheidungen ab.

Zum anderen entstehen konkrete Projekte, die für die Menschen noch während des Tagebaubetriebs und der Rekultivierung sichtbaren Nutzen bringen. Ein Leitprojekt ist das „Blau-Grüne Band Garzweiler". Es stellt an der Nahtstelle der alten zur neuen Landschaft ein vernetzendes Element dar, welches bereits während des noch aktiven Tagebaus entstehen kann. Entlang eines Radrundweges, der die Ortschaften am Tagebaurand verbindet, soll sich Zug um Zug eine Erholungslandschaft mit hoher Biodiversität entwickeln. Der „Sicherheitsstreifen" des Tagebaus, Elemente aus der Rekultivierung auf neu verkippten Bereichen und insbesondere auch die Böschungen des zukünftigen Sees werden hierbei einbezogen. Diese grün-blaue Infrastruktur zahlt auf das Ziel eines Biotopverbunds ein und bildet auch den Rahmen für erste Impulsbauten, mit denen zukünftige Siedlungsentwicklung angestoßen wird. Eines dieser - in nachhaltiger Bauweise zu errichtenden - Gebäude wird ein Dokumentationszentrum in Holzweiler sein, einem Ortsteil der Stadt Erkelenz, der durch die Leitentscheidung 2016 erhalten blieb. Besucher können in der Präsentation die Transformation der Kulturlandschaft durch den Tagebau mit eigenen Augen erleben, aber auch viele Informationen und Meinungen zum Thema bekommen, um sich ihre eigene Meinung zu bilden. Mit dem Besucherzentrum entsteht auch ein erster touristischer Baustein am zukünftigen Seeufer. Größere städtebauliche Dimensionen hat ein Projekt in der Stadt Jüchen: Hier wird südlich des Bahnhofs auf rekultivierten Flächen ein neuer Stadtteil für 2500 Menschen geplant. Synergien zur noch laufenden Rekultivierung können noch genutzt werden.

Mit dem Projekt „Innovationspark Erneuerbare Energien" bearbeitet der Zweckverband ein anderes wichtiges Thema. Die Region soll auch in Zukunft Energieregion bleiben, und gerade die Tagebaufolgelandschaften bieten besonders gute Potenziale für Erneuerbare Energien. In einem großmaßstäblichen Energiesystem sollen Produktion, Speicherung und Nutzung von Energie zusammengedacht und umgesetzt werden. Ein Element ist die „Solarautobahn", mit der das Potenzial der Straßeninfrastruktur beispielhaft für Photovoltaik gehoben werden kann. Ein anderes Teilprojekt ist die „Energielandschaft", in der Windkraft, Photovoltaik und innovative Formen der Landwirtschaft wie Agroforst so zu kombinieren sind, dass eine hochproduktive neue Landschaft mit positiven Auswirkungen auf Biodiversität und Klimaresilienz geschaffen wird.

Aktuell rückt die Aufgabe der Masterplanung rings um den zukünftigen, rund 2200 Hektar großen See in den Fokus. Auch wenn die Befüllung voraussichtlich bis ca. 2070 andauern wird, müssen schon heute die wesentlichen Weichen für die Entwicklung gestellt werden. Es gilt Nutzungsziele zu definieren, das Ufer räumlich zu gliedern und die Grundzüge der Erschließung festzulegen. Je früher und besser Regionalplanung, bergbauliche Planungen, kommunale Bauleitplanung und die Projektentwicklung zusammengedacht werden, umso effektiver und konfliktärmer kann die spannende Entwicklung in dem „Raum der Zukunft" gelingen. Die Strategie zum Umgang mit dem ehemaligen Tagebauumfeld und insbesondere auch den erhaltenen Dörfern des 3. Umsiedlungsabschnitts steht in engem Zusammenhang mit dieser Gesamtplanung. Eingebettet in die umgebende Landschaft und verbunden mit dem zukünftigen Seeufer weist der Siedlungsraum wachsende Potenziale im Bereich Wohnen, Tourismus und neue Dienstleistungen auf. Durch eine intelligente zeitliche und räumliche Strategie können diese gehoben werden. So kann für die jetzigen und zukünftigen Bewohner*innen ein neuer attraktiver Lebensraum geschaffen werden.

Zum Autor:
Volker Mielchen ist seit 2018 Geschäftsführer des Zweckverbands LANDFOLGE Garzweiler und plant mit seinem wachsenden Team im Auftrag der Mitgliedskommunen Mönchengladbach, Erkelenz, Jüchen, Grevenbroich und Titz Projekte rings um den Tagebau Garzweiler. Zuvor war er 17 Jahre lang im Lausitzer Revier mit der Entwicklung der Region zu einem Seenland tätig. Er ist 1971 in Lemgo geboren und hat in Hannover Landschafts- und Freiraumplanung studiert.

Zum (guten) Schluss

Hubert Perschke

Zum Abschluss des Buches möchte ich den Bewohner*innen, die mir durch die Interviews Einblick in ihr Leben gewährten und den Autoren*innen, deren Beiträge die Verbindung zur politischen Handlungsebene herstellt, meinen Dank aussprechen
Gehandelt werden muss unter Zeitdruck, ansonsten stellt der vorgezogene Kohleausstieg alle vor scheinbar unlösbare Probleme.
Einvernehmen besteht, dass die Dörfer wiederbelebt werden sollen und eine Infrastruktur aufgebaut wird, die modernen Ansprüchen genügt. Aber die bleibenden Dörfer sind weitgehend keine Neubausiedlungen mit einer Bebauung nach den neusten Bauvorschriften. Traditionsgemäß sind es Rheinische Straßendörfer mit tiefen Grundstücken, an deren Peripherie nach dem 2. Weltkrieg neue Siedlungen entstanden. Alle Gebäude entsprechen nicht dem heutigen Standard. Dafür sind die Orte landwirtschaftlich geprägt und Bewohner nutzen die Möglichkeiten hier Klein- und Großtiere zu halten. Der Landwirt mit seinem Hof inmitten des Dorfes verteilt bei feuchtem Wetter mit seinem Traktor Erde vom Feld mitten auf der Dorfstraße, die dann vor den Häusern liegt. Neues Leben bringt Veränderungen mit sich und vielleicht stört der Hahn, der Dreck, der Geruch.

Nicht nur die alltäglichen Dinge gestalten das zukünftige Zusammenleben. In der Vision wird das Rheinische Braunkohlerevier zu einer Seenlandschaft mit einem hohen Freizeitwert für Wassersportler, Fahrradfahrer und auch Urlauber. Die Politik stellt sich u. a. die berechtigte Frage, welche Bedeutung dann der Boden in und um die Dörfer herum besitzt. Vormals war er in Privatbesitz, jetzt ist er überwiegend im Besitz der RWE und in der kommenden Zeit fällt er den Gemeinden zu. Soweit der Boden im Besitz der Gemeinden bleibt, besteht die einmalige Chance Bodenspekulationen zu vermeiden. Auch ehemaligen und mit einem Vorkaufsrecht ausgestatteten Eigentümer werden unter dieser Prämisse ihren ehemaligen Grund nur auf der Basis von Erbpacht erwerben können.

Zukunftsgestaltung wie im Rheinischen Braunkohlerevier ist niemals konfliktfrei. Unterschiedlichste Interessen prallen aufeinander und müssen integriert werden. Die Planungshoheit liegt bei den Gemeinden und die Gemeinderäte haben die Letztentscheidung und Letztverantwortung. Aber diese Hoheit entlässt sie nicht aus der Verantwortung Betroffene zu beteiligen. Zu informieren ist eine Form, aber im Kontext der Beteiligungsverfahren deren niedrigste Stufe. Die Menschen in den Dörfern haben den Wunsch nach einer Mitbestimmung ihrer Zukunft, ihres Lebens. Sie haben Ideen wie ihre Dörfer gestaltet werden können, wie ihre Zukunft aussieht. Sie wünschen sich einen Dialog auf Augenhöhe.

In den Jahren vor der Leitentscheidung haben sich in Morschenich und in Berverath dauerhaft Aktivisten beheimatet, die alternative Gesellschaftsformen leben. Sie gehören dazu, sind Teil der Dörfer und müssen integriert werden. Sie auszuschließen oder sich für oder gegen sie zu positionieren, heißt Realitäten verkennen und schwächt die Position aller Menschen in den Dörfern. Die Gemeinde benötigt einen Ansprechpartner, der mit „einer Zunge" redet.

Ich hoffe, dass ich mit dem Buch mein Ziel erreicht habe, zum Verständnis der verschiedensten Perspektiven beizutragen.

Zum Autor:

Hubert Perschke ist Jahrgang 1947 und hat sein Diplom als Sozialwissenschaftler über den zweiten Bildungsweg erworben. Neben seinem Studium an der Ruhr-Universität in Bochum fotografierte er intensiv und bekam 1977 den 1. Preis des Ruhrlandmuseums zum Thema „Ruhrgebietslandschaft" zugesprochen.

Beruflich wechselte er nach Köln und zog 1982 mit meiner Familie nach Buir. Der Tagebau Hambach war zu dem Zeitpunkt noch ein „kleines Loch". Aber über die Jahre wuchs und wuchs er, verschlang den Wald und nahm gigantische Formen an.

Es muss nach 2005 gewesen sein, der Ort Etzweiler existierte nicht mehr, als Hubert Perschke ein älteres Ehepaar am Rande des Lochs stehen sah. Es weinte, schluchzte, trauerte ihrer verschwundenen Heimat nach. Das war für ihn ein Schlüsselerlebnis, das bis heute nachhallt.

Als Nachbar von Manheim, dessen Kinder im dortigen Judoverein sportlich aktiv waren und im Manheimer Schwimmbad schwimmen lernten, nahm er sich vor, für die Bewohner des Ortes, ehe sie gehen mussten, ein fotografisches Erinnerungsalbum zu gestalten. 2012/13 setzte er das Vorhaben um.

Dabei ist es nicht geblieben. Das Thema der Umsiedlung hat Hubert Perschke gefunden und über die Jahre folgten weitere Publikationen und Ausstellungen.

Buch	Mein Manheim – Ein Erinnerungsalbum, Düren 2013
Ausstellung	Manheim „muss" umsiedeln, Landtag NRW 2014
Ausstellung	Ruhe, aber nicht in Frieden - Bilder aus dem Hambacher Forst, Düren, Aachen, Jülich, Euskirchen, Gmünd, 2016 - 2018
Ausstellung	Installationen unbenannter Künstler, Blankenheim 2017
Ausstellung	Bilder aus dem Revier, Kreishaus Düren, Annakirche Düren, Duisburg, NBH Herzogenrath 2018 – 2019
Ausstellung	Alles auf Pump, Blankenheim 2019
Ausstellung	Von Baggern und Dörfern, Stadtmuseum Iserlohn 2020 Arne Müseler, Mathias Jung, Hubert Perschke
Buch	Dividende frisst Heimat, Düren 2020
Ausstellung	Alte Heimat – Neue Zukunft, NBH Herzogenrath 2023

Ein herzlicher Dank geht an
Ursula Pieper-Hochbruck für die Korrektur der Interviews
und an meine Schwester
Dr. Christiane Perschke-Hartmann für die Korrektur der Autorenbeiträge.